中等职业教育"十四五"规划教材
职业教育课程改革规划创新教材

财经法规与会计职业道德习题集

汪文艳　许　辉　李　琴　主编

中国石化出版社
HTTP://WWW.SINOPEC-PRESS.COM
中国经济出版社
CHINA ECONOMIC PUBLISHING HOUSE

内 容 提 要

本书以最新的《中华人民共和国会计法》《中华人民共和国税收征收管理办法》《中华人民共和国票据法》等为依据，以会计工作者应具备的相关法律知识及为继续教育学习为依据编制而成。本书是《财经法规与会计职业道德》的配套教材习题集，从会计基本职能、支付结算、税收征收、主要税种、会计职业道德五个方面进行专项习题训练。

本书可作为中等职业学校和高等职业院校会计专业及继续教育的教学配套使用。

图书在版编目(CIP)数据

财经法规与会计职业道德习题集 / 汪文艳，许辉，李琴主编．—北京：中国石化出版社，2021.8(2025.9重印)
ISBN 978-7-5114-6431-6

Ⅰ．①财… Ⅱ．①汪… ②许… ③李… Ⅲ．①财政法-中国-习题集②经济法-中国-习题集③会计人员-职业道德-习题集 Ⅳ．①D922.2-44②F233-44

中国版本图书馆 CIP 数据核字(2021)第 174767 号

中国石化出版社出版发行

地址：北京市东城区安定门外大街 58 号
邮编：100011 电话：(010)57512500
发行部电话：(010)57512575
http://www.sinopec-press.com
E-mail：press@sinopec.com
宝蕾元仁浩（天津）印刷有限公司印刷
全国各地新华书店经销

*

787毫米×1092毫米 16开本 9.75印张 243千字
2021年10月第1版 2025年9月第5次印刷
定价：32.00元

《财经法规与会计职业道德习题集》
编 委 会

主　编：汪文艳　许　辉　李　琴

副主编：马雪莹　李依懋　胡娟娟

编　委：白俊英　曹礼灿　曹伟娟　滕远芳　黄丽娜

张　芳　孙美华　邬晓南　刘秀萍　莫善婷

前　言

本书是《财经法规与会计职业道德》的配套教材习题集，从会计基本职能、支付结算、税收征收、主要税种、会计职业道德五个方面进行专项习题训练，可供中等职业学校、高等职业院校会计专业及继续教育的教学配套使用。

本书以最新的《中华人民共和国会计法》《中华人民共和国税收征收管理办法》《中华人民共和国票据法》等为依据，以会计工作者应具备的相关法律知识及为继续教育学习为依据编制而成。本教材具有如下特点：

1. 图表归纳，多样训练，紧贴实际

本书每一章以表格的形式对知识点进行总结，帮助读者对会计相关法律知识进行学习，通过知识点总结、例题解析、同步训练等方式加深读者理解。读者在学完本章节后可以直接进行多模式的训练，强化知识点的综合运用，从不同的角度理解相关知识。

2. 表文共现，资源丰富，易学易记

本书还另配备有整本书电子教学课件，教学资源丰富，语言解释精炼，易学易记。

3. 案例引导，强化职业道德

本书有大量案例的讲授、分析。可理解性、可阅读性强，更强调会计职业道德的建立。

书中如有疏漏甚至错误，敬请读者提出宝贵意见，以便再版时加以改正。

编　者

目　录

第一章　会计法律制度

一、考点与真题解析

第一节　会计法律制度的概念与构成

考点总结

概念	会计法律制度，是指国家权力机关和行政机关制定的，用以调整会计关系的各种法律、法规、规章和规范性文件的总称，通常简称为会计法规			
基本构成	我国已经形成了由会计法律、会计行政法规、国家统一的会计制度和地方性会计法规构成的会计法律制度体系			
基本构成的制定主体、主要法律条文及其法律效力	会计法律	全国人民代表大会及其常务委员会制定	《会计法》《注册会计师法》	1.《会计法》是会计法律制度中层次最高的法律规范 2.《注册会计师法》是规范注册会计师及其行业行为规范的最高准则
	会计行政法规	国务院制定	《企业财务会计报告条例》《中华人民共和国总会计师条例》	低于会计法律，依据会计法律制定
	国家统一的会计制度(包括会计规章和规范性文件)	国务院财政部门	《财政部门实施会计监督办法》《会计基础工作规范》	低于会计法律、会计行政法规
	地方性会计法规	省、自治区、直辖市人民代表大会或常务委员会制定	《××省会计条例》	低于会计法律、会计行政法规

例题解析

【真题 1】下列各项中，属于会计法律的是(　　)。

A.《中华人民共和国会计法》　　B.《总会计师条例》

C.《注册会计师法》　　D.《会计基础工作规范》

【答案】AC。

【解析】本题考核会计法律的法律条文。我国目前有两部会计法律，分别是《中华人民共和国会计法》和《中华人民共和国注册会计师法》。

【真题 2】下列属于我国会计法律制度构成的有(　　)。

A. 会计法律　　B. 会计行政法规

C. 国家统一的会计制度　　D. 地方性会计法规

【答案】ABCD。

【解析】本题考核我国会计法律制度的基本构成。

【真题 3】会计部门规章是根据《中华人民共和国立法法》规定的程序，由国务院依据会计法制定并发布的。

【答案】×。

【解析】本题考核会计部门规章的制定主体。会计部门规章是根据《中华人民共和国立法法》规定的程序，由财政部制定，并由部门首长签署命令予以公布的制度办法。

第二节　会计工作管理体制

考点总结

会计工作管理体制是指国家管理会计工作的组织形式和基本制度，主要包括会计工作的行政管理、会计工作的行业管理和单位内部的会计工作管理等。

会计工作的行政管理	管理体制	统一领导、分级管理
	管理的内容	1. 制定国家统一的会计准则制度 “国家统一的会计制度，由国务院财政部门根据本法制定并公布。国务院有关部门可以依照本法和国家统一的会计制度制定对会计核算和会计监督有特殊要求的行业实施国家统一会计制度的具体办法或者补充规定，报国务院财政部门审核批准。中国人民解放军总后勤部可以依照本法和国家统一的会计制度制定军队实施国家统一的会计制度的具体办法，报国务院财政部门备案” 2. 会计市场管理 会计市场的管理包括会计市场的准入管理、运行管理和退出管理三方面 3. 会计专业人才评价 4. 会计监督检查

续表

会计工作的行业自律	中国注册会计师协会	中国注册会计师协会是依据《注册会计师法》和《社会团体登记条例》的有关规定，在财政部和理事会领导下开展行业管理和服务的法定组织
	中国会计学会	中国会计学会的三大特征——学术性、专业性、非营利性
	中国总会计师协会	中国总会计师协会是经财政部审核同意、民政部正式批准，依法注册登记成立的跨地区、跨部门、跨行业、跨所有制的非营利性国家一级社团组织，是总会计师行业的全国性自律组织
单位内部的会计工作管理	单位负责人	单位负责人是指单位的法定代表人或者法律、行政法规规定代表单位行使职权的主要负责人 单位负责人对本单位的会计工作和会计资料的真实性、完整性负责，保证会计机构、会计人员依法履行职责，单位负责人不得授意、指使、强令会计机构和会计人员违法办理会计事项
	会计机构的设置	依据： 1. 单位规模的大小 2. 经济业务和财务收支的繁简 3. 经营管理的要求
	会计人员的选拔任用	1. 担任单位会计机构负责人(会计主管人员)的，应当具备会计师以上专业技术职务资格或者从事会计工作三年以上的经历 2. 担任总会计师的应当在取得会计师任职资格后主管一个单位或者单位内部一个重要方面的财务工作不少于3年
	会计人员回避制度	“国家机关、国有企业、事业单位”任用会计人员应当实行回避制度 1. 单位负责人的直系亲属不得担任本单位的会计机构负责人、会计主管人员 2. 会计机构负责人、会计主管人员的直系亲属不得在本单位会计机构中担任出纳工作

例题解析

【真题1】在我国，主管全国会计工作的部门是(　　)。

A. 国务院　　B. 财政部

C. 全国人民代表大会　　D. 全国人大常务委员会

【答案】B。

【解析】根据《中华人民共和国会计法》的规定，主管全国会计工作的政府部门是财政部。

【真题2】注册会计师的全国组织机构是(　　)。

A. 中国会计学会　　B. 中国注册会计师协会

C. 财政部　　D. 其他会计组织

【答案】B。

【解析】中国注册会计师协会是依据《注册会计师法》和《社会团体登记条例》的有关规定，在财政部和理事会领导下开展行业管理和服务的法定组织，是注册会计师的全国组织机构。

【真题 3】根据《会计法》的规定，除财政部门外，依照有关法律、行政法规规定的职责，对有关单位的会计资料实施监督检查的部门有(　　)。

A. 审计部门　　B. 保险监管部门　　C. 证券监管部门　　D. 中国银行

【答案】ABC。

【解析】按照《中华人民共和国会计法》规定，国务院财政部门主管全国的会计工作。财政、审计、税务、中国人民银行、证券监管、保险监管等部门应当依照有关法律、行政法规规定的职责，对有关单位的会计资料实施检查。中国银行选项是错误的。

【真题 4】使用会计人员可以不实行回避制度的是(　　)。

A. 私营企业　　B. 国有企业　　C. 国家机关　　D. 事业单位

【答案】A。

【解析】《会计基础工作规范》规定："国家机关、国有企业、事业单位"任用会计人员应当实行回避制度，对于私营企业没有作出硬性规定。

第三节　会计核算

考点总结

会计核算的总体要求	依据	以实际发生的经济业务事项为依据进行会计核算，是会计核算的重要前提
	对会计资料的基本要求	1. 会计资料的生成和提供必须符合国家统一的会计准则制度的规定 2. 提供虚假的会计资料是违法行为 会计资料的真实性和完整性，是对会计资料最基本的质量要求
会计凭证	会计凭证，是记录经济业务事项的发生和完成情况，明确经济责任，并作为记账依据的书面证明，是会计资料的重要组成部分	
会计账簿	依法设置会计账簿，是单位进行会计核算的最基本要求之一	
财务会计报告	1. 财务会计报告是指单位对外提供的反映单位某一特定日期财务状况和某一会计期间经营成果和现金流量的文件 2. 财务会计报告包括会计报表、会计报表附注和财务情况说明书，其中会计报表包括资产负债表、利润表、现金流量表及相关附表 3. 财务报表由单位负责人和主管会计工作的负责人、会计机构负责人(会计主管人员)签名并盖章；设置总会计师的单位，还须由总会计师签名并盖章。其中单位负责人应当保证财务报表真实、完整	
会计档案管理	会计档案的内容与分类	
	☆会计档案的管理规定、保管期限 会计档案的保管期限分为永久、定期两类。定期保管期限一般分为10年和30年	
	☆销毁程序 注：保管期满但未结清的债权债务会计凭证和涉及其他未了事项的会计凭证不得销毁	

例题解析

【真题 1】 下列各项中，不属于会计资料的是(　　)。

A. 会计凭证　　　B. 会计账簿　　　C. 财务会计报告　　　D. 经济合同

【答案】D。

【解析】会计资料包括会计凭证、会计账簿、财务会计报告等。会计资料是在会计核算过程中形成的，记录和反映实际发生的经济业务事项的资料。经济合同不是在会计核算过程中形成的资料。

【真题 2】会计资料的真实性和完整性，是会计资料最基本的质量要求，是会计工作的生命。(　　)

【答案】√。

【真题 3】下列各项中，属于变造会计凭证行为的是(　　)。

A. 某公司为一客户虚开销货发票一张，并按票面金额的 10%收取好处费

B. 某业务员将购货发票上的金额 50 万元，用“消字灵”修改为 80 万元报账

C. 某企业现金出纳将一张报销凭证上的金额 7000 元涂改为 9000 元

D. 购货部门传来一张购货发票，原金额计算有误，出票单位已作更正并加盖出票单位公章

【答案】BC。

【解析】变造会计凭证的行为，是指用涂改、挖补等手段来改变会计凭证的真实内容，歪曲事实真相的行为。

第四节　会计监督

考点总结

<table>
<tr><td colspan="3">会计监督，是指单位内部的会计机构和会计人员、依法享有经济监督检查职权的政府有关部门、依法批准成立的社会审计中介组织，对国家机关、社会团体、企业事业单位经济活动的合法性、合理性和会计资料的真实性、完善性以及本单位内部预算执行情况所进行的监督</td></tr>
<tr><td>会计监督体系构成</td><td>单位内部会计监督</td><td>1. 内部会计监督的主体是各单位的会计机构、会计人员；内部会计监督的对象是单位的经济活动
2. 单位负责人负责单位内部会计监督制度的组织实施，对本单位内部会计监督制度的建立及有效实施承担最终责任
3. 单位内部会计监督制度的基本要求
4. 内部控制、内部审计的法律规定</td></tr>
</table>

续表

会计监督体系构成	政府监督	《中华人民共和国会计法》规定："国务院财政部门主管全国的会计工作。县级以上地方各级人民政府财政部门管理本行政区域内的会计工作"。财政部门是《中华人民共和国会计法》的执法主体，是会计工作的政府监督实施主体 除财政部门外，审计、税务、中国人民银行、证券监管、保险监管等部门依照有关法律、行政法规规定的职责和权限，可以对有关单位的会计资料实施监督检查
	社会监督	主要是指由注册会计师及其所在的会计师事务所依法对委托单位的经济活动进行的审计、鉴证的一种监督制度 此外，单位和个人检举违反《中华人民共和国会计法》和国家统一的会计制度规定的行为，也属于会计工作社会监督的范畴

例题解析

【真题1】会计监督体系包括(　　)。

A. 单位内部会计监督　　B. 会计工作的国家监督

C. 会计工作的社会监督　　D. 新闻媒体监督

【答案】ABC。

【解析】我国已形成了"三位一体"的会计监督体系，包括单位内部会计监督、以政府财政部门为主体的国家监督(也称政府监督)和以注册会计师为主体的社会监督。

【真题2】下列各项中，属于《会计法》规定的单位内部会计监督制度要求的有(　　)。

A. 记账人员与会计事项审批人员相互分离、相互制约

B. 重大对外投资与执行相互监督、相互制约

C. 财产清查的范围、期限和组织程序应当明确

D. 内部会计监督的主体是单位负责人

【答案】ABC。

第五节　会计机构和会计人员

考点总结

会计机构的设置	根据业务需要设置会计机构	1. 单位规模的大小 2. 经济业务和财务收支的繁简 3. 经营管理的要求
	不设置会计机构的	应设置会计人员并指定会计主管人员
	代理记账	1. 代理记账的概念 2. 业务范围 3. 代理记账机构与委托人双方的权利义务

续表

会计工作岗位设置	1. 根据本单位会计业务的需要设置会计工作岗位 2. 符合内部牵制制度的要求。根据规定，会计工作岗位可以一人一岗、一人多岗或者一岗多人，但出纳人员不得兼任稽核、会计档案保管和收入、费用、债权债务账目的登记工作 3. 对会计人员的工作岗位要有计划地进行轮岗，以促进会计人员全面熟悉业务和不断提高业务素质 4. 要建立岗位责任制 ☆对于会计档案管理岗位，在会计档案正式移交之前，属于会计岗位；正式移交档案管理部门之后，不再属于会计岗位。档案管理部门的人员管理会计档案，不属于会计岗位。医院门诊收费员、住院处收费员、药房收费员、药品库房记账员、商场收款(银)员所从事的工作，均不属于会计岗位。单位内部审计、社会审计、政府审计工作也不属于会计岗位
会计人员的工作交接	1. 交接的范围 2. 交接的程序 3. 交接的注意事项
会计专业职务与会计专业技术资格	1. 会计专业职务是区分会计人员从事业务工作的技术等级，分为助理会计师(初级职务)、会计师(中级职务)、高级会计师和正高级会计师(高级职务) 2. 会计专业技术资格分为初级资格、中级资格和高级资格三个级别。初级、中级会计资格的取得实行全国统一考试制度；高级会计师资格实行考试与评审相结合制度
会计人员的继续教育	(一)继续教育的主体 1. 持有会计专业技术资格证书的人员 2. 没有会计专业技术资格证书，但是从事会计工作的会计人员 (二)继续教育的时间 1. 持有会计专业技术资格证书的人员，在获得证书的第二年参加继续教育，当年的继续教育可以申请免试 2. 没有会计专业技术资格证书，但是从事会计工作的会计人员，也是在从事会计工作的第二年进行继续教育 会计专业技术人员参加继续教育实行学分制管理，每年参加继续教育取得的学分不少于90学分

例题解析

【真题1】设置会计机构应考虑的因素有(　　)。

A. 单位规模的大小　　B. 经济业务和财务收支的繁简

C. 经营管理的要求　　D. 上级主管部门的要求

【答案】ABC。

【解析】各单位是否设置会计机构，应当根据会计业务的需要来决定。一个单位是否需要设置会计机构，一般取决于单位规模的大小、经济业务和财务收支的繁简和经营管理的要求三个因素。

【真题2】单位负责人可以是本单位会计行为的责任主体，也可以不是本单位会计行为的责任主体，可以根据各个不同单位的实际情况确定。(　　)

【答案】×。

【解析】单位负责人是本单位会计行为的最终责任主体。

第六节　法律责任

考点总结

<table>
<tr><td colspan="3">依照《中华人民共和国会计法》规定，主要有两种责任形式：一是行政责任；二是刑事责任</td></tr>
<tr><td>违反会计制度规定的法律责任</td><td>不依法设置会计账簿的行为等会计违法行为的法律责任</td><td>☆十类违法会计行为
☆违反会计制度规定行为应承担的法律责任
1. 责令限期改正。
2. 罚款　单　位　3000 元以上 5 万元以下
直接责任人　2000 元以上 2 万元以下
3. 给予行政处分警告、记过、记大过、降级、降职、撤职、留用察看和开除
会计人员有下列行为之一，情节严重的，五年内不得从事会计工作
4. 依法追究刑事责任</td></tr>
<tr><td>其他会计违法行为的法律责任</td><td>伪造、变造会计凭证、会计账簿，编制虚假财务会计报告的法律责任</td><td>☆法律责任：
1. 通报
2. 罚款　单　位　5000 元以上 10 万元以下
直接责任人　3000 元以上 5 万元以下
3. 给予行政处分撤职、留用察看、开除
其中的会计人员，五年内不得从事会计工作
4. 依法追究刑事责任</td></tr>
<tr><td rowspan="3">其他会计违法行为的法律责任</td><td>隐匿或者故意销毁依法应当保存的会计凭证、会计账簿、财务会计报告的法律责任</td><td>法律责任：同上</td></tr>
<tr><td>授意、指使、强令会计机构、会计人员及其他人员进行以上两种违法行为的法律责任</td><td>☆法律责任：
1. 罚款。对违法行为人处以 5000 元以上 5 万元以下的罚款
2. 给予行政处分。降级、撤职、开除
3. 构成犯罪的依法追究刑事责任</td></tr>
<tr><td>单位负责人对依法履行职责、抵制违反《中华人民共和国会计法》规定行为的会计人员实行打击报复的</td><td>1. 给予行政处分
2. 构成犯罪的，依法追究刑事责任
☆对受打击报复的会计人员，应当恢复其名誉和原有职务、级别</td></tr>
<tr><td colspan="3">☆本部分重点在于能依据相关会计法律法规知识，准确进行案例分析</td></tr>
</table>

例题解析

【真题1】下列属于我国《刑法》规定的主要形式的是(　　)。

A. 管制、拘役　　B. 有期徒刑、无期徒刑

C. 死缓　　D. 死刑

【答案】ABD。

【真题2】对于伪造、变造会计凭证、会计账簿，编制虚假财务会计报告的直接责任主体应承担的法律责任说法错误的是(　　)。

A. 尚不构成犯罪的，由县级以上人民政府财政部门予以通报。

B. 对违法单位的罚款金额是3000元以上5万元以下。

C. 给予行政处分。

D. 构成犯罪的，依法追究刑事责任。

【答案】B。

【解析】本题考核伪造、变造会计凭证、会计账簿，编制虚假财务会计报告违法行为的法律责任。

二、本章同步训练

一、单项选择题

1. 下列各项中，属于会计法律的是(　　)。

A.《中华人民共和国会计法》　　B.《总会计师条例》

C.《会计基础工作规范》　　D.《企业会计制度》

2. 中国人民解放军总后勤部可以依照《会计法》和国家统一的会计制度制定军队实施国家统一的会计制度的具体办法，报(　　)备案。

A. 国务院　　B. 中央军委　　C. 国务院财政部门　　D. 国家审计部门

3. 使用会计人员可以不实行回避制度的是(　　)。

A. 私营企业　　B. 国有企业　　C. 国家机关　　D. 事业单位

4. 根据《会计工作基础规范》的规定，单位的会计机构负责人、会计主管人员办理交接手续时，应由(　　)负责监交。

A. 总会计师　　B. 上级主管单位负责人

C. 单位负责人　　D. 会计机构其他负责人

5. 根据《会计法》的规定，对于隐匿或者故意销毁依法应当保存的会计凭证、会计账簿、财务会计报告的行为，尚不构成犯罪的，由县级以上人民政府财政部门予以通报，对其直接负责的主管人员和其他直接责任人员，可以处(　　)的罚款。

A. 1000元以上3万元以下　　B. 2000元以上5万元以下

C. 3000元以上5万元以下　　D. 3000元以上6万元以下

6. 下列不属于《会计基础工作规范》中所规定的直系亲属范围的是(　　)。

A. 养父与养子关系　　B. 夫妻关系

C. 亲姐弟关系　　D. 结拜兄弟关系

7. 在下列账目中，出纳人员可以登记的是(　　)。

A. 收入明细账　　B. 费用明细账

C. 固定资产明细账　　D. 债权债务明细账

8. 审计、税务、证券监管、中国人民银行、保险监管部门，按照规定的职责权限，可以对单位的(　　)实施监督检查。

A. 会计资料　　B. 会计行为　　C. 经济活动　　D. 会计人员

9. 记账凭证上不需要有(　　)的签名或印章。

A. 填制人员　　B. 单位负责人　　C. 记账人员　　D. 稽核人员

10. 下列各项中，应对本单位的会计工作和会计资料的真实性、完整性负责的是(　　)。

A. 分管会计工作的副职领导　　B. 总会计师

C. 单位负责人　　D. 会计主管

11. 下列人员中，不需要在对外提供的财务会计报告签名并盖章的是(　　)。

A. 出纳　　B. 会计机构负责人

C. 会计主管人员　　D. 总会计师

12. 根据新颁布的《会计档案管理办法》，当年形成的会计档案，在会计年度终了后，可暂由会计机构保管，单位会计管理机构临时保管会计档案最长不超过(　　)。

A. 1年　　B. 3年　　C. 2年　　D. 半年

13. 根据规定，会计专业技术人员继续教育的形式不包括(　　)。

A. 用人单位组织的会计专业技术人员继续教育培训

B. 会计人员的自学

C. 财政部门直接组织培训

D. 参加国家教育行政主管部门承认的中专以上会计类专业学历(学位)教育

14. 根据《会计专业技术人员继续教育规定》，会计专业技术人员参加继续教育实行学分制管理，每年参加继续教育取得的学分不少于(　　)。

A. 60学分　　B. 90学分　　C. 120学分　　D. 40学分

15. 下列可作为会计核算原始凭证的是(　　)。

A. 经济合同　　B. 对账单　　C. 购货发票　　D. 请货单

16. 担任单位会计机构负责人(会计主管人员)的，应当具备(　　)以上专业技术职务资格或者从事会计工作3年以上经历。

A. 高级会计师　　B. 会计师　　C. 助理会计师　　D. 会计员

17. 根据《代理记账管理办法》的规定，主管代理记账业务的负责人至少持有的专业技术职务资格是(　　)。

A. 会计师　　B. 审计师　　C. 助理会计师　　D. 注册会计师

18. 实行回避制度的单位，会计主管人员的直系亲属不得担任本单位的(　　)。

A. 会计机构负责人　　B. 会计主管人员

C. 出纳　　D. 稽核

19. 财政部门在会计人员管理中的工作职责不包括(　　)。

A. 会计从业管理　　B. 会计专业技术职务资格管理

C. 追究违法会计人员的刑事责任　　D. 会计人员继续教育管理

20. 单位负责人是指(　　)。

A. 单位法定代表人　　B. 单位的高层领导

C. 单位的总会计师　　D. 单位的总工程师

21. 记账凭证必须具备的基本要素不包括(　　)的签名或印章。

A. 填制人员　　B. 经办人

C. 记账人员　　D. 会计机构负责人或会计主管人员

22. 下列各项中，应对本单位的会计工作和会计资料的真实性、完整性负责的是(　　)。

A. 分管会计工作的副职领导　　B. 总会计师

C. 单位负责人　　D. 会计主管

23. 下列关于会计人员回避制度的说法中，正确的是(　　)。

A. 所有的企事业单位都应当实行回避制度

B. 单位领导人的直系亲属不得担任本单位的任何会计人员

C. 会计机构负责人、会计主管人员的直系亲属不得在本单位会计机构中担任出纳工作

D. 回避制度仅仅是一种形式，执行与否对单位的业务影响不大

24. 依照《会计基础工作规范》的规定，一张原始凭证所列支出需由两个以上单位共同负担时，下列做法正确的有(　　)。

A. 由保存该原始凭证的单位开具原始凭证分割单给其他应负担单位

B. 在记账时加以注明即可

C. 由双方共同加以说明即可

D. 由保存该原始凭证的单位出具说明书给其他应分割单位

25. 下列选项中属于中级会计专业技术资格考试科目的是(　　)。

A. 经济法基础　　B. 中级会计实务

C. 会计电算化　　D. 税务代理实务

26. 一个单位是否单独设置会计机构，不用考虑的因素是(　　)。

A. 单位规模大小　　B. 经济业务繁简

C. 单位领导的想法　　D. 财务收支繁简

27. 我国从事会计工作人员的基本任职条件是(　　)。

A. 具有会计专业技术资格　　B. 具备从事会计工作所需要的专业能力

C. 具有中专以上专业学历　　D. 担任会计专业职务

28. 现行的《中华人民共和国会计法》最新修订时间是(　　)。

A. 2000 年 7 月 1 日　　B. 1999 年 10 月 31 日

C. 2017 年 11 月 4 日　　D. 1993 年 12 月 29 日

29. 根据新颁布的《会计档案管理办法》，关于会计凭证类的会计档案的保管期限说法正确的是(　　)。

A. 15 年　　B. 10 年　　C. 30 年　　D. 永久保存

30. 获得硕士学位从事会计工作满(　　)年，或获得博士学位经考核胜任主要会计岗位工作的，可聘任会计师职务。

A. 2　　B. 5　　C. 3　　D. 6

31. (　　)是指财政部门代表国家对单位和单位中的相关人员的会计行为实施的监督检查，及对发现违法会计行为实施行政处罚，是一种外部监督。

A. 群众监督　　B. 社会监督

C. 单位内部监督　　D. 政府监督

32. 会计档案保管期限应从(　　)算起。

A. 会计年度第一天　　B. 会计年度最后一天

C. 会计年度终了后第一天　　D. 会计年度期间

33. 下列事项中不属于记账凭证基本要素的是(　　)。

A. 接受凭证的单位名称　　B. 填制凭证的日期

C. 经济业务事项摘要　　D. 应记录的会计科目

34. 根据《企业财务会计报告条例》的规定，财务会计报告组成中不包括(　　)。

A. 会计报表附注　　B. 会计报表

C. 财务情况说明书　　D. 财务分析决策书

35. 单位负责人对依法履行职责，抵制违反《会计法》行为的会计人员进行打击报复，构成犯罪的(　　)。

A. 给予罚款　　B. 承担经济责任

C. 追究刑事责任　　D. 责令限期改正

36. 设立代理记账机构，除国家法律、行政法规另有规定外，下列属于还应符合条件的是(　　)。

A. 主管代理记账业务的负责人具有会计师以上专业技术职务资格

B. 向主管部门提供会计资料

C. 及时向代理记账机构提供真实、完整的原始凭证和其他相关资料

D. 对在执行业务中知悉的商业秘密应当保密

37.《会计法》规定，用电子计算机软件生成的会计资料必须符合(　　)的要求。

A. 国家统一会计制度　　B. 企业会计工作规范

C. 各地方相关法规　　D. 各项具体会计准则

38. 内部会计监督的对象是(　　)。

A. 本单位的会计机构、会计人员　　B. 本单位的经济活动

C. 单位法人　　D. 所有与会计有关的人和事

二、多项选择题

1. 根据《会计档案管理办法》的规定，下列各项中，属于会计档案的有(　　)。

A. 固定资产卡片　　B. 原始凭证

C. 会计档案移交清册　　D. 信贷计划

2. 根据《会计基础工作规范》的规定，会计工作岗位可以一人一岗、一人多岗或者一岗多人。但出纳人员不可以兼任的工作是(　　)。

A. 稽核　　B. 会计档案保管

C. 现金和银行存款日记账的登记　　D. 收入、费用、债权债务账目的登记

3. 根据《会计档案管理办法》的规定，会计档案销毁时，监销人员根据不同情况由相应的单位派出。对于一般企业、事业单位和组织，应当由(　　)共同派员监销。

A. 同级审计部门　　B. 单位档案机构

C. 单位会计机构　　D. 同级财政部门

4. 根据《会计档案管理办法》的规定，在对保管期满的会计档案进行整理以备销毁时，(　　)不得销毁。

A. 未结清的债权债务原始凭证

B. 正在建设期间的建设单位会计档案

C. 超过会计档案保管期限但尚未报废的固定资产购买凭证

D. 所有会计报表类档案

5. 根据《会计法》的规定，除财政部门外，依照有关法律、行政法规规定的职责，对有关单位的会计资料实施监督检查的部门有(　　)。

A. 审计部门　　B. 保险监管部门

C. 证券监管部门　　D. 中国银行

6. 根据《会计工作基础规范》的规定，会计工作交接完毕后，交接双方和监交人要在移交清册上签名盖章，并在移交清册上注明(　　)等。

A. 单位名称　　B. 交接日期

C. 交接双方和监交人的职务、姓名　　D. 移交清册页数及需要说明的问题和意见

7. 一个单位是否单独设置会计机构，其决定的因素包括(　　)。

A. 单位规模的大小　　B. 经济业务和财务收支的繁简

C. 经营管理的要求　　D. 上级主管部门的要求

8. 下列关于内部控制的说法中正确的有(　　)。

A. 对企业而言，内部控制是指由企业董事会、监事会、经理层和全体员工实施的、旨在实现控制目标的过程

B. 对企业而言内部控制包括五大目标

C. 对企业和事业单位而言，内部控制均需遵循成本效益原则

D. 对企业和事业单位而言，内部控制的方法均包括不相容职务或岗位的分离控制正确

9. 下列关于内部审计的说法中错误的有(　　)。

A. 内部审计的内容就是指内部财务审计

B. 审计的内容更侧重于经营过程是否有效、各项制度是否得到遵守与执行

C. 内部审计人员不具有独立性，因此审计结果的客观性和公正性较低

D. 内部审计具有评价鉴证作用

10. 甲公司是一家大型国有企业，2012 年 1 月，公司总经理张某以加强对公司财务部管理为由，将自己同学的侄女李某调入该公司财务部担任出纳，并兼管会计档案工作。2014 年 2 月，张总经理任命李某为该公司财务部经理，全面主持该公司财务部工作，下列表述中错误的有(　　)。

A. 2012 年 1 月甲公司张总经理任命同学的侄女李某担任该公司出纳工作符合规定

B. 2012 年 1 月甲公司张总经理让同学的侄女李某兼管会计档案工作符合规定

C. 该公司违背了会计人员回避制度

D. 2014 年 2 月任命李某为该公司财务部经理符合规定

11. 关于会计账簿的种类，下列表述正确的有(　　)。

A. 总账，又称总分类账，用来分类登记全部经济业务的，对所属的明细分类账簿起着控制作用

B. 明细账，又称明细分类账簿，用来登记某一类的经济业务，根据明细科目设置，是对总账的补充和具体化

C. 日记账，又称序时账簿，是按照经济业务发生的时间先后顺序，逐日连续登记的账簿

D. 其他辅助性账簿，又称备查账簿，是对某些在明细账、日记账中未能记载的事项进行补充登记的账簿

12. 实行回避制度的单位，会计主管人员的直系亲属可以担任本单位的(　　)。

A. 会计机构负责人　　B. 主办会计

C. 出纳　　D. 稽核

13. 会计工作的政府监督主体主要有(　　)。

A. 证券监管部门　　B. 审计部门

C. 税务部门　　D. 会计师事务所

14. 担任会计主管人员的，下列各项中，具备任职资格的是(　　)。

A. 具有助理会计师以上会计专业技术职务资格

B. 具有从事会计工作 2 年经历

C. 具有会计师以上专业技术职务资格

D. 具有从事会计工作 3 年以上经历

15. 下列属于我国《财务会计报告条例》规定的财务会计报告组成内容的是(　　)。

A. 会计报表　　B. 其他应当披露的相关信息

C. 会计报表附注　　D. 财务情况说明书

16. 外商投资企业和外国企业开具发票时可以(　　)。

A. 在使用中文的同时使用一种外国文字

B. 只使用外国文字

C. 同时使用两种外国文字

D. 只使用中文

17. 下列各项中，属于会计工作岗位的是(　　)。

A. 工资核算岗位　　B. 会计档案管理岗位

C. 成本核算岗位　　D. 单位内部审计岗位

18. 下列属于我国《刑法》规定的主要形式的是(　　)。

A. 管制、拘役　　B. 有期徒刑、无期徒刑

C. 死缓　　D. 死刑

19. 开业税务登记中领取营业执照从事生产、经营的纳税人，具体包括(　　)。

A. 企业在外地设立的分支机构和从事生产、经营的场所

B. 个体工商户

C. 从事生产、经营的事业单位

D. 企业(即从事生产经营的单位或组织)

20. 下列各项中，属于变造会计凭证行为的是(　　)。

A. 某公司为一客户虚开销货发票一张，并按票面金额的10%收取好处费

B. 某业务员将购货发票上的金额50万元，用“消字灵”修改为80万元报账

C. 某企业现金出纳将一张报销凭证上的金额7000元涂改为9000元

D. 购货部门传来一张购货发票，原金额计算有误，出票单位已作更正并加盖出票单位公章

21.《会计法》规定的法律责任形式有(　　)。

A. 行政责任　　B. 刑事责任　　C. 民事责任　　D. 会计责任

22. 下列各项中，属于会计监督体系组成部分的有(　　)

A. 社会舆论监督

B. 单位内部会计监督

C. 以注册会计师为主体的会计工作社会监督

D. 以政府财政部门为主体的会计工作政府监督

23. 财务会计报告反映的会计信息包括(　　)。

A. 某一特定日期的财务状况　　B. 某一会计期间的经营成果

C. 现金流量　　D. 企业的组织机构

24. 下列属于委托代理记账的委托人的义务，应当配备专人负责的事项有(　　)。

A. 日常货币收支　B. 保管　C. 储存　D. 保留

25. 下列各项中，属于行政责任的形式的是(　　)。

A. 赔偿损失　B. 行政拘留　C. 责令停产、停业　D. 没收违法所得

26. 会计档案由各级(　　)共同负责会计档案工作的指导、监督和检查。

A. 人民政府财政部门　B. 档案行政管理部门

C. 人民政府税务部门　D. 人民政府审计部门

27. 单位在审核原始凭证时，发现外来原始凭证的开具日期有错误，可以由(　　)。

A. 原出具凭证单位重开　B. 原出具凭证单位更正并加盖公章

C. 接受凭证单位更正并加盖公章　D. 经办人员更正并报领导审批

28. 下列各项中，属于代理记账机构及其从业人员义务的有(　　)。

A. 接受委托人示意其作出的会计处理

B. 对在执行业务中知悉的商业秘密应当保密

C. 按照委托合同办理代理记账业务

D. 对委托人提出的有关会计处理原则问题应当予以解释

29. 下列属于会计部门规章的有(　　)。

A.《中华人民共和国会计法》　B.《财政部门实施会计监督办法》

C.《金融企业会计制度》　D.《代理记账管理办法》

30. 下列关于原始凭证处理的表述中，不正确的有(　　)。

A. 会计机构、会计人员必须按照国家统一的会计制度的规定对原始凭证进行审核

B. 对记载不准确、不完整的原始凭证有权不予接受，并向单位负责人报告

C. 对不真实、不合法的原始凭证予以退回，并要求按照国家统一的会计制度的规定更正、补充

D. 原始凭证记载的各项内容均不得涂改

31. 对会计工作的社会监督包括(　　)。

A. 注册会计师对委托单位的经济活动进行审计

B. 注册会计师对委托单位的经济活动进行鉴证

C. 单位和个人检举违反会计法律制度规定的行为

D. 财政部门对单位会计人员和会计机构会计行为监督

32. 在下列情况中，会计人员应该办理会计工作交接的有(　　)。

A. 调动工作　B. 离职　C. 临时离职　D. 因病不能工作

33. 下列属于会计机构负责人(会计主管人员)的任职资格条件的有(　　)。

A. 具备从事会计工作所需要的专业能力

B. 具备本科以上的学历

C. 具备会计师以上专业技术职务

D. 从事经济类工作 3 年以上经历

三、判断题

1. 根据规定，会计人员继续教育的对象为会计工作人员，具体包括在国家机关、社会团体、企业、事业单位和其他组织从事会计工作的会计人员。(　　)

2. 会计行政法规，是会计法律制度中层次最高的法律规范，是制定其他会计法规的依据。(　)

3. 会计法律制度，是调整经济生活中某些方面会计关系的法律规范。(　　)

4. 注册会计师承办会计咨询、服务业务，包括：代理申请工商登记，拟订合同、章程和其他业务文件；验证企业资本，出具验资报告。(　　)

5. 会计资料的真实性和完整性，是会计资料最基本的质量要求，是会计工作的生命。(　　)

6.《会计档案管理办法》明确规定正在建设期间的建设单位的会计档案，无论其是否保管期满，都不得销毁，必须妥善保管。(　　)

7. 内部会计监督的主体是各单位的会计机构、会计人员，所以，内部会计监督仅仅是会计机构、会计人员的事情。(　　)

8. 会计人员工作交接后，如事后发现问题，仍应由原移交人员负责，原移交人员不应以会计资料已经移交而推脱责任，接替人员不对移交过来材料的真实性、完整性负法律上的责任。(　　)

9. 授意、指使、强令会计机构、会计人员及其他人员伪造、变造会计凭证、会计账簿，编制虚假财务会计报告，尚不构成犯罪的，可以处以5000元以上2万元以下的罚款。(　　)

10. 回避制度是指为了保证执法或者执业的公正性，对可能影响其公正性的执法或者执业的人员实行职务回避和业务回避的一种制度。(　　)

11. 会计资料的真实性，主要是指会计资料所反映的内容和结果，应当同本单位实际发生的经济业务内容及其结果相一致。(　　)

12. 会计工作的社会监督主要是指由注册会计师及其所在的会计师事务所依法对受托单位的经济活动进行审计、鉴证的一种监督制度。(　　)

13. 按照我国《会计法》规定，国务院财政部门主管全国的会计工作。县级以上地方各级人民政府财政部门管理本行政区域内的会计工作。(　　)

14. 单位负责人对依法履行职责、抵制违反《会计法》规定行为的会计人员进行打击报复的行为，同样属于违法行为。(　　)

15. 所谓的变造会计凭证、会计账簿和其他会计资料指以虚假的经济业务事项为前提，编造不真实的会计凭证、会计账簿和其他会计资料。(　　)

16. 在会计机构内部定人员、定岗位，明确分工，各司其职，有利于会计工作程序化、规范化，有利于落实责任和会计人员钻研分管的业务，有利于提高工作效率和工作质量。(　　)

17. 我国对会计工作的管理主要是依靠财政部门所进行的行政管理。(　　)

18.《企业会计准则》规定，任何单位和个人不得伪造、变造会计凭证、会计账簿和其他会计资料，不得提供虚假的财务会计报告。(　　)

19. 生成和提供虚假的会计资料是一种严重的违法行为。(　　)

20. 国务院发布的《财务会计报告条例》的法律地位低于全国人大常委会通过的《中华人民共和国会计法》。(　)

21. 国务院财政部门主管全国的会计工作，县级以上地方各级人民政府财政部门管理本行政区域内的会计工作。(　)

22. 企业实际发生的一切经济事项都需要进行会计记录和会计核算。(　　)

23. 经济事项又称经济交易，是指单位与其他单位和个人之间发生的各种经济利益交换，如产品销售。(　　)

24. 所谓的伪造会计凭证、会计账簿和其他会计资料，是指用涂改、挖补等手段来改变会计凭证、会计账簿和其他会计资料。(　　)

25. 记账人员与经济业务或会计事项的审批人员、经办人员、财物保管人员的职责权限应当明确，并相互分离、相互制约。(　　)

26. 会计机构是指各单位依据会计工作的需要设置的专门负责办理单位会计业务事项、进行会计核算、实行会计监督的职能部门。(　　)

27. 编制会计报告的主要目的是为了向不同的报告使用者提供有用的会计信息。因此向不同的使用者提供的会计报告应不同，其编制依据也不同。(　　)

28. 会计机构是指各单位依据会计工作的需要设置的专门负责办理单位会计业务事项、进行会计核算、实行会计监督的职能部门。(　　)

29. 附加刑是附加在主刑之后适用的刑罚方法，只能附加使用，不能独立使用。(　　)

30. 会计机构、会计人员对记载不准确、不完整的原始凭证有权予以退回，并要求经办人员按照国家统一的会计制度的规定进行更正、补充。(　　)

四、不定项选择

1. 某乡镇企业未按照规定保管会计资料，致使会计资料毁损、灭失，造成十分严重的后果。该企业所在地的县级政府财政部门在责令限期改正的同时，对负有直接责任的会计主管人员王某处以3万元的罚款。

要求：根据上述资料回答下列问题。

(1) 对案例中的行为直接负责的主管人员和其他直接责任人员中的国家工作人员，视情节轻重，还应当由其所在单位或者其上级单位或者行政监察部门给予警告、记过、记大过、降级、降职、撤职、留用察看和开除等行政处分。(　　)

A. 对　　B. 错

(2) 对会计人员王某处以3万元罚款是不妥的，就该案例按《会计法》规定，可以对单位处(　　)的罚款。

A. 2000 元以上 2 万元以下　　B. 3000 元以上 5 万元以下

C. 2000 元以上 5 万元以下　　D. 3000 元以上 10 万元以下

(3) 对其直接责任人或主管人员，可以并处(　　)的罚款。

A. 2000 元以上 2 万元以下　　B. 3000 元以上 5 万元以下

C. 2000 元以上 5 万元以下　　D. 3000 元以上 10 万元以下

(4) 对于未按规定保管会计资料的应承担的法律责任包括(　　)。

A. 通报　　B. 责令限期改正

C. 罚款和行政处分　　D. 构成犯罪的，追究其刑事责任

2. 金狮商贸有限责任公司为国有企业，2013 年 6 月，该公司会计科长江某将其侄女小江调到公司担任出纳工作。

7 月，小江调到一家外贸公司财务部工作，调离前与接任的小张自行办理了会计工作交接手续。小张接替出纳工作后，另设置了现金日记账和银行存款日记账。

9 月，A 公司向龙腾公司购买了一批总价款为 30 万元人民币的货物，龙腾公司收到货款后，小张为 A 公司开具了收款发票，在填写发票时将 30 万元误填为 3 万元，A 公司发现后，交给小张进行了更改并加盖了单位印章。

根据材料，选择下列符合题意的选项：

(1) 小江担任龙腾公司出纳工作，对此下列表述正确的有(　　)。

A. 小江可以在该单位担任出纳

B. 小江不属于需要回避的直系亲属范围

C. 单位会计机构负责人、会计主管人员的直系亲属不得在本单位会计机构中担任出纳工作

D. 单位领导人的直系亲属不得担任本单位的会计机构负责人、会计主管人员

(2) 小张接替出纳工作后，另设置了现金日记账和银行存款日记账，对此下列表述正确的有(　　)。

A. 小张不能另行设置现金日记账和银行存款日记账

B. 小张可以另行设置现金日记账和银行存款日记账

C. 接替人员应当继续使用移交的会计账簿，不得自行另立新账

D. 接替人员可以选择是否继续使用移交的会计账簿，还是自行另立新账

(3) 下列单位中，不用实行会计人员回避制度的有(　　)。

A. 国家机关　　B. 国有企业　　C. 民营企业　　D. 事业单位

(4) 一般会计人员交接，由单位(　　)负责监交。

A. 会计机构负责人　　B. 会计主管人员

C. 单位负责人　　D. 总会计师

(5) 原始凭证有错误的，下列表述错误的有(　　)。

A. 原始凭证有错误的，应当由出具单位重开或更正，更正处应当加盖出具单位印章

B. 原始凭证有错误的，应当由接收单位重开或更正，更正处应当加盖接收单位印章

C. 原始凭证金额有错误的，应当由出具单位重开，不得在原始凭证上更正

D. 原始凭证金额有错误的，也可以由出具单位在原始凭证上更正

3. 2013 年 11 月，某市财政局派出检查组对该市某国有大型企业甲(以下简称“甲企业”)的会计工作进行检查。检查中了解到以下情况：

(1) 2013 年 3 月 10 日，甲企业收到一张由甲企业和乙企业共同负担费用支出的原始凭证，甲企业会计人员 A 根据该原始凭证及应承担的费用进行财务处理，并保存该原始凭证；同时应乙企业的要求将该原始凭证的复印件提供给乙企业用于账务处理。

(2) 2013 年 6 月 10 日，经会计机构负责人 B 批准，本厂档案管理部门的工作人员 C 将部分会计档案复制给丙企业。

根据材料，选择下列符合题意的选项：

(1) 以上会计人员 A 的做法，下列说法正确的是(　　)。

A. 会计人员 A 就此原始凭证的处理程序符合法律规定

B.《会计法》不允许一张原始凭证的支出由两个不同的单位共同负担

C. A 应当依照法律规定向乙企业开具原始凭证分割单

D. A 应当要求乙企业开具原始凭证分割单

(2) 下列关于档案室工作人员 C 将会计档案复制给丙企业的做法，观点正确的是(　　)。

A. 会计档案不仅能提供查阅和复制，原件也可以直接借出

B. 不仅需要经过会计机构负责人批准，还要经过档案管理部门的负责人批准后才能查阅和复制

C. 首先要经本单位负责人批准，在不拆散原卷册的前提下，可以提供查阅或者复制，但必须办理登记手续

D. 工作人员 C 的做法及其处理程序符合法律规定

(3) 下列有关会计档案保管期限的说法中，错误的是(　　)。

A. 会计档案保管期限分为永久、定期两类

B. 会计档案的定期保管期限最短为 5 年

C. 会计档案的定期保管期限最长为 20 年

D. 会计档案的定期保管期限一般分为 10 年和 30 年。

(4) 会计档案的保管期限，从(　　)算起。

A. 会计年度终了后的第一天　　B. 会计年度最后一天

C. 档案形成之日　　D. 档案移交档案部门之日

(5) 下列选项中，不属于原始凭证分割单包括的基本内容的有(　　)。

A. 凭证的名称　　B. 填制凭证的日期

C. 接受凭证单位的签章　　D. 填制凭证的单位名称

4. 2010 年 10 月 10 日，甲公司收到一张应由甲公司和乙公司共同负担费用支出的原始凭证，甲公司会计人员张某对该原始凭证及应承担的费用进行账务处理，并保存该原始凭证，同时，应乙公司的要求将该原始凭证复制件提供给乙公司用于账务处理，年终，甲公

司拟销毁一批保管期满的会计档案，其中，有一张未结清债权债务的原始凭证，会计人员李某认为只要保管期满的会计档案就可以销毁。

(1) 以下关于销毁会计档案时的程序说法正确的是(　　)。

A. 保管期满的会计档案，应由单位档案管理机构提出销毁意见，会同会计机构共同鉴定，经鉴定可以销毁的会计档案才可以销毁

B. 只要单位负责人在会计档案销毁清册上签字就可以了

C. 单位档案管理机构负责组织会计档案销毁工作，并与会计管理机构共同派员监销

D. 涉及保管期满但未结清的债权债务会计凭证和涉及其他未了事项的会计凭证不得销毁

(2) 根据《会计基础工作规范》的规定，甲乙公司共同负担费用的原始凭证，由甲方保存，则乙方应当根据(　　)进行账务处理。

A. 甲方提供的复印件　　B. 甲方提供的原始凭证分割单

C. 原始凭证原件　　D. 甲乙双方协商的结果

(3)未结清债务的原始凭证，在保管期满时应当(　　)。

A. 依法销毁　　B. 继续保留至下一年

C. 结清债权债务后销毁　　D. 视具体情况而定

(4) 会计档案的定期保管期限最低为(　　)年。

A. 5　　B. 15　　C. 10　　D. 30

(5) 在会计档案销毁时，对于一般企业、事业单位和组织，应当由(　　)负责监销。

A. 档案机构　　B. 会计机构

C. 档案机构和会计机构共同派员　　D. 主管财政部门

三、答案与解析

一、单项选择题

1. A【解析】我国目前有两部会计法律，即《中华人民共和国会计法》和《注册会计师法》。

2. C【解析】按照我国《会计法》规定，国家统一的会计制度，由国务院财政部门根据本法制定并公布。中国人民解放军总后勤部可以依照《会计法》和国家统一的会计制度制定军队实施国家统一的会计制度的具体办法，报国务院财政部门备案。

3. A【解析】《会计基础工作规范》规定："国家机关、国有企业、事业单位"任用会计人员应当实行回避制度。

4. C【解析】一般会计人员办理交接手续，由会计机构负责人(会计主管人员)监交，会计机构负责人(会计主管人员)办理交接手续，由单位负责人监交。

5. C【解析】本题考查的是会计违法行为的法律责任

6. D【解析】本题考核会计人员回避制度。根据规定，直系亲属包括夫妻关系、直系血亲关系、三代以内旁系血亲以及近姻亲关系。

7. C【解析】本题考核单位会计工作岗位的设置。根据规定，出纳人员不得兼管审核、会计档案保管和收入、费用、债权债务账目的登记工作。

8. A【解析】本题考核会计工作的行政管理。财政、审计、税务、人民银行、证券监管、保险监管等部门应当依照有关法律、行政法规规定的职责，对有关单位的会计资料实施监督检查。

9. B【解析】记账凭证的内容之一是：记账凭证的填制人员、稽核人员、记账人员和会计主管人员的签名或印章。

10. C【解析】本题考核单位内部的会计工作管理。我国《会计法》规定，单位负责人负责单位内部的会计工作管理，对本单位的会计工作和会计资料的真实性和完整性负责。

11. A【解析】本题考核在财务会计报告签名并盖章的人员。应当在单位财务会计报告上签名并盖章是单位负责人、主管会计工作的负责人、会计机构负责人，设总会计师的，总会计师也要签名并盖章。

12. B【解析】本题考核会计档案保管期限。

13. B【解析】本题考核会计人员继续教育的培训形式。

14. B【解析】根据《会计专业技术人员继续教育规定》，会计人员应当接受继续教育，每年参加继续教育取得的学分不少于90学分。

15. C【解析】原始凭证是用于表明某项经济业务事项已经发生或完成情况并明确有关经济责任的一种凭证。对账单只能作为对账的依据，不能据此调账，不是原始凭证。经济合同属于文书凭证，还没有真正的经济业务的发生，不是原始凭证。请货单只是提请内容，还没有实际经济业务发生，不属于原始凭证。

16. B【解析】本题考核会计机构负责人的任职资格。

17. A【解析】本题考核代理记账机构的负责人的职称要求。根据规定，主管代理记账业务的负责人具有会计师以上专业技术职务资格。选项D是社会审计的职业资格，不属于专业技术职务资格。

18. C【解析】本题考核会计人员回避制度。根据规定，单位负责人的直系亲属不得担任本单位的会计机构负责人、会计主管人员；会计机构负责人、会计主管人员的直系亲属不得在本单位会计机构中担任出纳工作。

19. C【解析】本题考核会计工作管理体制的内容。刑事责任是法院的职责。

20. A【解析】本题考核会计工作管理体制。单位负责人主要包括两类人员：(1)单位的法定代表人；(2)按照法律、行政法规规定代表单位行使职权的负责人。

21. B【解析】本题考核原始凭证的内容。

22. C【解析】本题考核单位内部的会计工作管理。我国《会计法》规定，单位负责人负责单位内部的会计工作管理，对本单位的会计工作和会计资料的真实性和完整性负责。

23. C【解析】本题考核会计人员的回避制度。国家机关、国有企业、事业单位任用会计人员应当实行回避制度，因此选项 A 的说法错误；单位领导人的直系亲属不得担任本单位的会计机构负责人、会计主管人员，因此选项 B 的说法错误；回避制度是指为了保证执法或者执业的公正性，对可能影响其公正性的执法或者执业的人员实行职务回避和业务回避的一种制度。回避制度已成为我国人事管理的一项重要制度，选项 D 的说法错误。

24. A【解析】本题考核会计原始凭证。如果一张原始凭证所列支出需要几个单位共同负担的，应将其他单位负担的部分，开给对方原始凭证分割单，进行结算。

25. B【解析】本题考核中级会计专业资格考试科目分中级会计实务、财务管理、经济法三个科目。

26. C【解析】本题考核会计机构的设置。一个单位是否单独设置会计机构，主要取决于：单位规模大小、经济业务和财务收支的繁简和经营管理的要求。

27. B【解析】关于会计工作人员从业的要求，2017 年 11 月 4 日，十二届全国人大常委会第三十次会议表决通过关于修改会计法的决定，规定“会计人员应当具备从事会计工作所需要的专业能力”。此前，会计法规定“从事会计工作的人员，必须取得会计从业资格证书”。自此会计从业资格证正式取消。

28. C【解析】最新的《中华人民共和国会计法》于 2017 年 11 月 4 日第十二届全国人大常委会议修订通过，会议上修改了“从事会计工作的人员，必须取得会计从业资格证书”等规定，并从 2017 年 11 月 5 日开始正式实施。《会计法》是会计法律制度中层次最高的法律，是制定其他会计法规的依据，是指导会计工作的最高准则。

29. C【解析】本题考核新颁布的《会计档案管理办法》关于会计凭证类会计档案保管期限的规定。

30. C【解析】本题考核会计专业职务。获得硕士学位从事会计工作满三年，或获得博士学位经考核胜任主要会计岗位工作的，可聘任会计师职务。

31. D【解析】本题考核会计工作的政府监督。会计工作的政府监督主要是指财政部门代表国家对单位和单位中相关人员的会计行为实施的监督检查，以及对发现的违法会计行为实施的行政处罚，是一种外部监督。

32. C【解析】本题考核会计档案保管期限。

33. A【解析】本题考核记账凭证的要素。

34. D【解析】本题考核财务会计报告的组成。根据《企业财务会计报告条例》的规定，财务会计报告包括会计报表、会计报表附注和财务情况说明书，其中会计报表包括资产负债表、利润表、现金流量表及相关附表。

35. C【解析】

36. A【解析】本题考核申请设立代理记账机构的条件。设立代理记账机构，除国家法律、行政法规另有规定外，应当符合下列条件：(1)3 名以上持有会计从业资格证书的专职从业人员；(2)主管代理记账业务的负责人具有会计师以上专业技术职务资格；(3)有固定的办公场所；(4)有健全的代理记账业务规范和财务会计管理制度。

37. A

38. B【解析】本题考核会计监督的对象。根据规定，内部会计监督的对象为单位的经济活动。

二、多项选择题

1. ABC【解析】信贷计划不属于会计档案。

2. ABD【解析】根据《会计基础工作规范》规定：会计工作岗位可以一人一岗、一人多岗或者一岗多人，但出纳人员不得兼任稽核、会计档案保管和收入、费用、债权债务账目的登记工作。

3. BC

4. ABC【解析】本题考查《会计档案管理办法》的规定。

5. ABC【解析】除财政部门外，审计、税务、人民银行、证券监管、保险监管等部门依照有关法律、行政法规规定的职责和权限，可以对有关单位的会计资料实施监督检查。

6. ABCD

7. ABC【解析】是否设置会计机构取决于三个因素：单位规模的大小、经济业务和财务收支的繁简、经营管理的要求。

8. ABD【解析】企业需遵循成本效益原则；事业单位不需遵循成本效益原则。

9. AC【解析】选项 A，内部审计包括内部财务审计，还包括经营效率、效果等；选项 C，内部审计并不是不具有独立性，而是独立性相对性较弱。

10. ABCD【解析】(1)出纳人员不得兼任稽核、会计档案保管和收入、费用、债权债务账目的登记工作。(2)担任单位会计机构负责人(会计主管人员)的，应当具备会计师以上专业技术职务资格或者从事会计工作 3 年以上的经历。

11. ABCD【解析】本题考核会计账簿的种类。

12. ABD【解析】本题考核会计人员回避制度。国家机关、国有企业和事业单位，会计主管人员的直系亲属不得担任本单位的出纳工作。

13. ABC【解析】本题考核会计工作的政府监督。根据规定，县级以上人民政府财政部门为各单位会计工作的监督检查部门，对各单位会计工作行使监督权，对违法会计行为实施行政处罚。审计、税务、人民银行、证券监管、保险监管等部门依照有关法律、行政法规规定的职责和权限，可以对有关单位的会计资料实施监督检查。

14. CD【解析】本题考核会计主管人员的任职资格。根据《会计法》的规定，担任会计主管人员的应该具有会计师以上专业技术职务资格并且具有从事会计工作 3 年以上的经历。

15. ACD【解析】财务会计报告组成内容包括会计报表、会计报表附注和财务情况说明书。

16. AD

17. ABC【解析】单位内部审计岗位不属于会计工作岗位。

18. ABD【解析】属于我国《刑法》规定的主要形式有管制、拘役、有期徒刑、无期徒刑和死刑五种。

19. ABCD

20. BC【解析】变造会计凭证是指用涂改、挖补等手段来改变会计凭证的真实内容，歪曲事实真相的行为——篡改事实。

21. AB

22. BCD

23. ABC【解析】本题考核财务会计报告。财务会计报告是企业对外提供的反映企业某一特定日期的财务状况和某一会计期间的经营成果、现金流量等会计信息的文件。

24. AB【解析】本题考核委托代理记账的委托人的义务。

25. BCD【解析】本题考核行政责任的形式。选项 A 属于民事责任。《会计法》规定的行政责任的形式有两种，即行政处罚和行政处分。行政处罚主要分为六种，即警告，罚款、没收违法所得、没收非法财物，责令停产停业，暂扣或者吊销许可证、暂扣或者吊销执照，行政拘留。行政处分的形式有警告、记过、记大过、降级、撤职、开除。

26. AB【解析】本题考核会计档案。《会计档案管理办法》规定："各级人民政府财政部门和档案行政管理部门共同负责会计档案工作的指导、监督和检查。"

27. AB【解析】本题考核原始凭证的审核。根据规定，原始凭证有错误的，应当由出具单位重开或更正，更正处应加盖出具单位的印章。单位在审核原始凭证时，发现外来原始凭证的金额有错误，应由出具单位重开。

28. BCD【解析】本题考核代理记账机构及其从业人员的义务。代理记账机构及其从业人员的义务包括：(1)按照委托合同办理代理记账业务，遵守有关法律、行政法规和国家统一的会计制度的规定；(2)对在执行业务中知悉的商业秘密应当保密；(3)对委托人示意其作出不当的会计处理，提供不实的会计资料，以及其他不符合法律、行政法规和国家统一的会计制度的要求，应当拒绝；(4)对委托人提出的有关会计处理原则问题应当予以解释。

29. BD【解析】本题考核会计规章的范围。《会计法》属于会计法律；《金融企业会计制度》属于会计规范性文件。

30. BC【解析】本题考核原始凭证处理的基本要求。对不真实、不合法的原始凭证有权不予接受，并向单位负责人报告；对记载不准确、不完整的原始凭证予以退回，并要求按照国家统一的会计制度的规定更正、补充。

31. ABC【解析】本题考核会计工作的社会监督。选项 D 是政府监督。

32. ABCD【解析】本题考核会计人员办理工作交接的情况。根据规定，会计人员调动工作、因故离职，必须将本人所经管的会计工作全部移交给接替人员。没有办理交接手续的，不得调动或者离职。

33. AC【解析】本题考核会计机构负责人(会计主管人员)的任职资格。根据规定，担任单位会计机构负责人(会计主管人员)的，除按新修改的会计法规定"会计人员应当具备从事会计工作所需要的专业能力"外，还应当具备会计师以上专业技术职务资格或者从事"会计工作"3 年以上经历。

三、判断题

1. √

2. ×【解析】会计法律是会计法律制度中层次最高的法律规范，是制定其他会计法规的依据。

3. ×【解析】会计行政法规是调整经济生活中某些方面会计关系的法律规范。

4. ×【解析】“验证企业资本，出具验资报告”属于审计业务。“代理申请工商登记，拟订合同、章程和其他业务文件”属于会计咨询、会计服务业务。

5. √

6. √

7. ×【解析】尽管单位内部会计监督的主体是各单位的会计机构、会计人员，但内部会计监督不仅仅是会计机构、会计人员的事情，单位负责人应当积极支持、保障会计机构、会计人员行使会计监督的职权。

8. √

9. ×【解析】授意、指使、强令会计机构、会计人员及其他人员伪造、变造会计凭证、会计账簿，编制虚假财务会计报告尚不构成犯罪的，罚款金额是5000元以上5万元以下。

10. √

11. √【解析】本题考核会计资料。

12. ×【解析】本题考核会计工作的社会监督。会计工作的社会监督主要是指由注册会计师及其所在的会计师事务所依法对“委托单位”的经济活动进行审计、鉴证的一种监督制度。

13. √【解析】本题考核《会计法》规定。

14. √【解析】本题考核违法行为的界定。

15. ×【解析】本题考核会计核算的基本要求。

16. √【解析】本题考核会计机构内部的规定。在会计机构内部定人员、定岗位，明确分工，各司其职，有利于会计工作程序化、规范化，有利于落实责任和会计人员钻研分管的业务，有利于提高工作效率和工作质量。但是，一个单位需要配备多少会计人员，设置多少会计岗位，主要取决于单位的组织结构形式和业务工作量、经营规模等因素，不同的单位有不同的要求。

17. ×【解析】本题考核会计工作管理的地位。在我国，会计工作管理体制主要包括会计工作的行政管理、会计工作的自律管理和单位会计工作的管理等内容。

18. ×【解析】本题考核会计核算的基本要求。这是《会计法》的规定。

19. √【解析】本题考核会计资料的要求。

20. √【解析】本题考核会计法律制度的效力级次。《中华人民共和国会计法》在会计法律制度中具有最高的法律效力。

21. √【解析】本题考核会计工作行政管理。

22. ×

23. ×【解析】本题考核会计核算的内容。“经济业务”又称经济交易，是指单位与其他单位或个人之间发生的各种经济利益交换。

24. ×【解析】伪造会计资料是指以虚假的经济业务事项为前提编造不真实的会计凭证、会计账簿和其他会计资料的行为。——无中生有。

25. √【解析】本题考核会计内部控制制度的内容。

26. √【解析】本题考核会计机构的概念。

27. ×【解析】本题考核会计报告的编制。向不同的会计资料使用者提供的财务会计报告，其编制依据应当一致。

28. √【解析】本题考核会计机构的概念。

29. ×【解析】附加刑可以单独使用。

30. √【解析】本题考核原始凭证审核的相关规定。

四、不定项选择

1.（1）A【解析】本题考核法律责任。

（2）B【解析】本题考核法律责任。该单位的行为属于未按照规定保管会计资料，致使会计资料毁损、灭失的行为，可以对单位责令限期改正的同时，并处3000元以上5万元以下的罚款。

（3）A【解析】本题考核法律责任。对其直接负责的主管人员和其他直接责任人员，可以处以2000元以上2万元以下的罚款。

（4）BCD【解析】本题考核法律责任。未按规定保管会计资料违法行为的法律责任包括：责令限期改正，罚款，给予行政处分，追究刑事责任。

2.（1）CD【解析】需要回避的直系亲属：夫妻关系、直系血亲关系、三代以内旁系血亲以及配偶亲关系。小江属于三代以内旁系血亲，应当回避，不能在本单位担任出纳。

（2）AC【解析】根据规定：接替人员应当继续使用移交的会计账簿，不得自行另立新账，以保持会计记录的连续性。

（3）C【解析】国家机关、国有企业、事业单位任用会计人员应当实行回避制度。

（4）AB【解析】一般会计人员交接，由单位会计机构负责人、会计主管人员负责监交。

（5）BD

3.（1）C【解析】本题考核开具原始凭证分割单的情形。根据规定，一张原始凭证所列的支出需要由两个以上的单位共同负担时，应当由保存该原始凭证的单位开具原始凭证分割单给其他应负担的单位。

（2）C【解析】本题考核会计档案的保管和移交规定。根据《会计档案管理办法》的规定，会计档案不得借出，如有特殊需要，须经本单位负责人批准，在不拆散原卷册的前提下，可以提供查阅或者复制，并办理登记手续。

（3）BC【解析】本题考核会计档案的保管期限的规定。根据新的《会计档案管理办法》的规定，会计档案保管期限分为永久和定期两类，定期保管期限一般分为10年和30年。

（4）A【解析】会计档案的保管期限，从会计年度终了后的第一天算起。

（5）C【解析】本题考核原始凭证分割单的基本内容。原始凭证分割单必须具备原始凭证的基本内容，包括凭证的名称、填制凭证的日期、填制凭证单位的名称或填制人的姓名、经办人员的签名或盖章、接受凭证单位的名称、经济业务的内容、数量、单价、金额和费用的分担情况等。

4.（1）ACD【解析】根据规定，单位负责人、档案管理机构负责人、会计管理机构负责人、档案管理机构经办人、会计管理机构经办人都要在会计档案销毁清册上签署意见，所以 B 不对。

（2）B【解析】根据规定，一张原始凭证所列的支出需要由两个以上的单位共同负担时，应当由保存该原始凭证的单位开具“原始凭证分割单”给其他应负担的单位，而不是给复制件。

（3）C【解析】对于保管期满单位结清的债权债务原始凭证和涉及其他未了事项的原始凭证，不得销毁，而应当单独抽出立卷，保管到未了事项完毕时为止。

（4）C【解析】本题考核会计档案的保管期限的规定。据新的《会计档案管理办法》的规定，会计档案保管期限分为永久和定期两类，定期保管期限一般分为 10 年和 30 年。

（5）C【解析】根据我国法律制度的规定，会计档案保管期满需要销毁的，要由本单位档案部门提出意见，会同本单位会计部门共同进行审查和鉴定，编制会计档案销毁清单，销毁时还要由单位档案部门和会计部门共同派人监销。

第二章　结算法律制度

一、考点与真题解析

第一节　现金结算

考点总结

现金管理	使用范围	除向个人收购农副产品和其他物资的价款、出差人员随身携带的差旅费外，开户单位使用现金不能超过结算起点(1000 元)
	限额	3~5 天≤15 天 附属单位使用现金→核定→包括在库存现金限额内 找零用备用金→核定→不包括在库存现金限额内
	收支基本要求	(1)现金收入→当日送存→当日送存有困难→开户银行确定 (2)不准“坐支”现金(相对禁止) (3)提取现金→写明用途→财会部门负责人签字盖章 (4)现金管理 N 不准
	健全内控	(1)单位不得由一人办理货币资金业务的全过程 (2)授权审批：对审批人越权审批的货币资金业务，经办人有权拒绝办理，并及时向“审批人的上级授权部门”报告 “单位负责人”对内控及货币资金的安全完整负责

例题解析

【真题 1】单位不能超过现金的结算起点向个人支付现金(　　)。

【答案】×。

【解析】向个人收购农副产品和其他物资的价款和出差人员必须随身携带的差旅费不受开户单位支付给个人的款项中，支付现金每人一次不得超过 1000 元的限制。

【真题 2】现金的结算起点为 1000 元，需要增加时由中国人民银行各级分行确定后，报中国人民银行总行备案。(　　)

【答案】×。

【解析】现金的结算起点为1000元，需要增加时由中国人民银行总行确定后，报国务院备案。

【真题3】根据《现金管理暂行条例》的规定，边远地区和交通不发达地区的开户单位的库存现金限额，可以适当放宽的最高标准是(　　)。

A. 不超过10天的日常零星开支　　B. 不超过15天的日常零星开支

C. 不超过20天的日常零星开支　　D. 不超过30天的日常零星开支

【答案】B。

【解析】现金使用限额原则上以开户单位3~5天的日常零星开支所需确定，但最多不得超过15天的日常零星开支。

第二节　支付结算概述

考点总结

<table>
<tr><td>概念</td><td colspan="2">转账结算(不包括使用现金)</td></tr>
<tr><td>特征</td><td colspan="2">(1)支付结算必须通过中国人民银行批准的金融机构进行
(2)支付结算的发生取决于委托人的意志
(3)支付结算实行统一管理和分级管理相结合的管理体制
(4)支付结算是一种要式行为
(5)支付结算必须依法进行</td></tr>
<tr><td>基本原则</td><td colspan="2">(1)恪守信用、履约付款
(2)谁的钱进谁的账、由谁支配
(3)银行不垫款</td></tr>
<tr><td>法律依据</td><td colspan="2">《票据管理实施办法》(行政法规)</td></tr>
<tr><td rowspan="6">办理支付结算的具体要求</td><td colspan="2">必须使用中国人民银行统一规定的票据和结算凭证</td></tr>
<tr><td colspan="2">按规定开立、使用账户</td></tr>
<tr><td colspan="2">大小写必须一致，否则票据无效；结算凭证银行不予受理
【注意】少数民族地区和外国驻华使领馆根据实际需要，金额大写可以使用少数民族文字或者外国文字记载</td></tr>
<tr><td rowspan="3">区别伪造变造</td><td>伪造：无权限人更改“签章”</td></tr>
<tr><td>变造：无权限人更改“签章以外”的记载事项</td></tr>
<tr><td>【注意】伪造人、被伪造人均不承担票据责任</td></tr>
</table>

续表

办理支付结算的具体要求	填写要求	(1)出票日期必须使用中文大写(写法必须掌握) 【注意】出票日期使用小写，银行不受理；大写日期不规范，银行可予受理，但造成损失由出票人自行承担 (2)中文大写用正楷或行书填写，可以使用繁体字，不得自造简化字 (3)中文大写金额到"元"为止的应加"整"；到"角"的，可以不写"整"；到"分"的，不写"整" 【注意】会计基础规定，到角为止的也必须写整 (4)小写金额前应加人民币符号"￥"，小写金额中有"0"时的大写金额写法必须掌握(汉语规律，数字构成，防止涂改)
	更正	金额、(出票)日期、收款人名称不得更改
		其他记载事项，原记载人可以更改并在更改处签章

例题解析

【真题 1】 下列结算方式中，属于支付结算范畴的有(　　)。

A. 使用票据结算　　B. 使用现金结算

C. 使用信用卡结算　　D. 汇兑、托收承付、委托收款

【答案】ACD。

【解析】《支付结算办法》中的"支付结算"是狭义的支付结算，在结算方式里不包括现金结算。

【真题 2】根据《支付结算办法》的规定的(　　)是支付结算和资金清算的中介机构。

A. 银行　　B. 城市信用合作社

C. 农村信用合作社　　D. 保险公司

【答案】ABC。

【解析】支付结算的中介机构是指银行(含商业性银行、政策性银行、城市信用合作社、农村信用合作社)。

【真题 3】(　　)负责制定统一的支付结算法律制度。

A. 中国人民银行总行　　B. 中国银行总行

C. 国家政策性银行　　D. 商业银行总行

【答案】A。

【解析】中国人民银行总行负责制定统一的支付结算制度，组织、协调、管理、监督全国的支付结算工作，调解、处理银行之间的支付结算纠纷。

【真题 4】下列各项中，(　　)属于支付结算的特征。

A. 支付结算必须通过中国人民银行批准的金融机构依法进行

B. 支付结算是一种要式行为

C. 支付结算的发生取决于委托人的意志

D. 支付结算实行统一管理和分级管理相结合的管理体制

【答案】ABCD。

【解析】支付结算的特征：①必须通过中国人民银行批准的金融机构进行；②支付结算是一种要式行为；③支付结算的发生取决于委托人的意志；④支付结算实行统一管理和分级管理相结合的管理体制；⑤支付结算必须依法进行。

【真题 5】下列关于支付结算的表述中，正确的有(　　)。

A. 银行不得为任何单位、个人垫付资金

B. 银行无权在未经存款人授权或委托的情况下，擅自动用存款人在银行账户里的资金

C. 结算当事人应当依约如期足额履行付款义务

D. 银行在办理支付结算业务时，必须遵循存款人的委托

【答案】ABCD。

【解析】选项 A 体现了银行不垫款原则；选项 BD 体现了谁的钱进谁的账，由谁支配原则；选项 C 体现恪守信用，履约付款原则。

【真题 6】下列各项中，不符合票据和结算凭证填写要求的是(　　)。

A. 中文大写金额数字到“角”为止，在“角”之后没有写“整”字

B. 票据的出票日期使用阿拉伯数字填写

C. 阿拉伯小写金额数字前填写了人民币符号

D. “1 月 15 日”出票的票据，票据的出票日期写为“零壹月壹拾伍日”

【答案】B。

【解析】中文大写金额数字在“角”之后可以不写“整”字，选项 A 说法正确；票据的出票日期必须使用中文大写，选项 B 说法错误；阿拉伯小写金额数字前均应填写人民币符号，选项 C 说法正确；月为 1 月、2 月时中文大写前应加“零”，日为 11～19 日时中文大写前应加“壹”，选项 D 说法正确。

【真题 7】下列各项关于￥16400.15 的中文大写的写法中，正确的是(　　)。

A. 人民币壹万陆仟肆佰元壹角伍分

B. 人民币壹万陆仟肆佰元零壹角伍分整

C. 人民币壹万陆仟肆佰元壹角伍分整

D. 人民币壹万陆仟肆佰元零零壹角伍分

【答案】A。

【解析】中文大写金额数字在“分”之后不写“整”字，选项 BC 排除；阿拉伯数字中间连续有几个“0”时，中文大写金额中间可以只写一个“零”字，选项 D 排除。

【真题 8】银行不予受理的结算凭证有(　　)。

A. 金额大写使用少数民族文字的结算凭证

B. 金额中文大写与阿拉伯数字不一致的结算凭证

C. 金额大写使用外国文字的结算凭证

D. 金额被更改的结算凭证

【答案】BD。

【解析】少数民族地区和外国驻华使领馆根据实际需要，金额大写可以使用少数民族文字或外国文字记载，选项 AC 错误；票据和结算凭证金额以中文大写和阿拉伯数字同时记载，两者必须一致，两者不一致的结算凭证，银行不予受理，选项 B 正确；票据和结算凭证的金额、出票或签发日期、收款人名称不得更改，更改的结算凭证，银行不予受理，选项 D 正确。

第三节　银行结算账户

考点总结

<table>
<tr><td>概念</td><td colspan="3">银行结算账户是人民币活期存款账户</td></tr>
<tr><td rowspan="4">分类</td><td rowspan="2">存款人</td><td>单位</td><td>个体工商户→凭营业执照</td></tr>
<tr><td>个人</td><td>个人→借记卡、信用卡</td></tr>
<tr><td>用途</td><td colspan="2">基本存款账户、一般存款账户、专用存款账户、临时存款账户</td></tr>
<tr><td>开户地</td><td colspan="2">本地、异地</td></tr>
<tr><td>管理原则</td><td colspan="3">(1)一个基本账户原则
(2)自主选择银行开立银行结算账户原则
除国家法律法规另有规定外，任何单位和个人不得强令存款人到指定银行开立银行结算账户
(3)守法合规原则
(4)存款信息保密原则
除国家法律法规另有规定外，银行有权拒绝任何单位个人查询</td></tr>
</table>

例题解析

【真题 1】下列关于银行结算账户特点的表述中，不正确的是(　　)。

A. 办理人民币业务　　B. 办理资金收付结算业务

C. 是活期存款账户　　D. 是定期存款账户

【答案】D。

【解析】银行结算账户是活期存款账户，不是定期存款账户，因此选项 D 错误。

【真题 2】关于银行结算账户的分类方式，下列选项中，正确的有(　　)。

A. 按用途分为基本存款账户、一般存款账户、专用存款账户和临时存款账户

B. 按存款人不同分为单位银行结算账户和个人银行结算账户

C. 按存入币种不同分为人民币结算账户和外币结算账户

D. 按存款人期限不同分为定期存款账户和活期存款账户

【答案】AB。

【解析】银行结算账户只办理人民币业务，选项 C 错误；银行结算账户是活期存款账户，选项 D 错误。

【真题 3】单位、个人和银行办理支付结算必须遵守的原则有(　　)。

A. 恪守信用，履行付款　　B. 谁的钱进谁的账，由谁支配

C. 银行不垫款　　D. 一个基本账户

【答案】ABC。

【解析】选项 D 是银行结算账户管理应当遵守的原则，不是办理支付结算必须遵守的原则。

考点总结

开立		核准制度：存款人开立基本存款账户、临时存款账户(注册验资、增资验资临时存款账户除外)和预算单位专用存款账户、QFII 专用存款账户实行核准制度，经中国人民银行核准后，由开户银行核发开户登记证 【注意】时间性规定：2 核、5 备、3 通知
开立		生效日规定：存款人开立单位银行结算账户，自正式开立之日起 3 个工作日后，方可办理付款业务 排除事项：(1)注册验资的临时存款账户转为基本存款账户 (2)因借款转存开立的一般存款账户 (3)存款人在同一银行营业机构撤销银行结算账户后重新开立银行结算账户
变更		(1)存款人更改名称→5 个工作日内向开户银行提出变更申请 (2)其他变更→5 个工作日内书面通知开户银行
变更		银行应及时办理，并于 2 个工作日内向中国人民银行报告
撤销	法定情形	(1)被撤并、解散、宣告破产或关闭 (2)注销、被吊销营业执照 (3)因迁址需要变更开户银行(与变更区分)
撤销	顺序	最后办理基本存款账户的撤销
撤销	不得撤销	存款人尚未清偿其开户银行债务
撤销	强制撤销	银行对一年未发生收付活动且未欠开户银行债务的单位银行结算账户，应通知单位，自发出通知之日起“30 日”内办理销户手续，逾期视同自愿销户

例题解析

【真题 1】(　　)存款人开立单位银行结算账户的，自开立之日起即可使用该账户办理业务。

【答案】×。

【解析】存款人开立单位银行结算账户，自正式开立之日起 3 个工作日后，方可使用该账户办理付款业务。

【真题 2】存款人银行结算账户有法定变更事项的，应于一定期限内书面通知开户银行并提供有关证明，该期限为(　　)个工作日。

A. 3　　B. 5　　C. 7　　D. 10

【答案】B。

【解析】银行结算账户发生变更，存款人应于5个工作日内向开户银行提出变更申请。

【真题 3】存款人下列事项的变更，需于 5 个工作日内书面通知开户银行并提供相关证明，及时办理变更手续的有(　　)。

A. 名称改变　　B. 法定负责人变更

C. 住址变更　　D. 改变开户银行

【答案】ABC。

【解析】银行结算账户发生变更的法定情形：①存款人的账户名称改变，但不改变开户银行及账号；②单位的法定代表人或主要负责人改变；③住址等其他信息资料发生变化。因此选项 D 错误，改变开户银行要办理撤销手续。

【真题 4】根据《人民币银行结算账户管理办法》的规定，下列事项中存款人应向开户银行申请撤销银行账户的有(　　)。

A. 尚未清偿其开户银行债务的　　B. 存款人因迁址需要变更开户银行的

C. 存款人迁址但不变更开户银行的　　D. 注销、被吊销营业执照的

【答案】BD。

【解析】存款人尚未清偿其开户银行债务的，不得申请撤销该账户，选项 A 错误；

存款人因迁址需要变更开户银行的应申请撤销银行账户，存款人迁址但不变更开户银行的应申请变更银行账户，选项 B 正确，选项 C 错误；注销、被吊销营业执照是撤销银行账户的法定情形之一，选项 D 正确。

考点总结

各类银行账户的具体规定	基本存款账户	使用范围	日常经营活动的资金收付 工资、奖金和现金的支取
		开户要求	开立基本存款账户的存款人资格(非个人) 【注意 1】团级(含)以上军队、武警部队及分散执勤的支分队 【注意 2】异地常设机构(非临时机构) 【注意 3】单位设立的独立核算的附属机构
	一般存款账户	开户银行	基本存款账户开户银行以外的银行营业机构
		使用范围	借款转存、借款归还和其他结算的资金收付
			可以办理现金缴存，但不得办理现金支取
			没有数量限制
		开户要求	(1)开立基本存款账户规定的证明文件 (2)基本存款账户开户登记证 (3)存款人因向银行借款需要，应出具借款合同 (4)存款人因其他结算需要，应出具有关证明

续表

各类银行账户的具体规定	专用存款账户	使用规定	(1)“单位银行卡账户”的资金必须由基本存款账户转入，该账户不得办理现金收付业务 (2)“财政预算外资金、证券交易结算资金、期货交易保证金和信托基金”专用存款账户，不得支取现金 (3)收入汇缴账户只收不付，不得支取现金；业务支出账户只付不收
	临时存款账户	使用范围	设立临时机构、异地临时经营活动、注册验资
		开户要求	“设立临时机构”及“注册验资”开立的临时存款账户不需要基本存款账户开户登记证
		使用规定	有效期最长不得超过2年
			可以支取现金
			注册验资的临时存款账户在验资期间只收不付

例题解析

【真题1】下列对象中，不具备开立基本存款账户资格的存款人为(　　)。

A. 企业法人　　B. 民办非法人企业

C. 社区委员会　　D. 单位设立的非独立核算的附属机构

【答案】D。

【解析】单位设立的独立核算的附属机构是开立基本存款账户存款人的资格之一，选项D错误。

【真题2】宏大有限责任公司基本存款账户在中国工商银行A市支行，现因经营需要向中国建设银行B分行申请贷款100万元。经审查同意贷款，其应在B分行开设(　　)。

A. 基本存款账户　　B. 一般存款账户

C. 专用存款账户　　D. 临时存款账户

【答案】B。

【解析】一般存款账户主要办理借款转存、借款归还和其他结算的资金收付，选项B正确。

【真题3】根据《人民币银行结算账户管理办法》的规定，存款人申请开立一般存款账户，应提供的证明文件有(　　)。

A. 借款转存　　B. 现金缴存　　C. 借款归还　　D. 现金支取

【答案】ABC。

【解析】一般存款账户主要用于办理借款转存、借款归还和其他结算的资金收付，可以办理现金缴存，不得办理现金支取。

【真题4】根据《人民币银行结算账户管理办法》的规定，存款人因借款或其他结算需要，只能申请开立一个一般存款账户。(　　)

【答案】×。

【解析】存款人因借款或其他结算需要，都可以申请开立一般存款账户，且没有数量限制。

【真题5】根据《人民币银行结算账户管理办法》的规定，存款人按照法律、行政法规和规章，对其特定用途资金进行专项管理和使用而开立的银行结算账户是(　　)。

A. 一般存款账户　　B. 基本存款账户

C. 专用存款账户　　D. 临时存款账户

【答案】C。

【解析】专用存款账户是指存款人按照法律、行政法规和规章，对特定用途资金进行专项管理和使用而开立的银行结算账户。

【真题6】根据《人民币银行结算账户管理办法》的规定，下列资金的管理与使用，存款人可以申请开立专用存款账户的有(　　)。

A. 更新改造资金　　B. 流动资金借款

C. 政策性房地产开发资金　　D. 粮、棉、油收购资金

【答案】ACD。

【解析】流动资金借款可以申请开立一般存款账户，选项B错误。

【真题7】下列情况中，存款人可以申请开立临时存款账户的是(　　)。

A. 设立临时机构　　B. 异地建筑施工

C. 注册验资　　D. 证券交易结算

【答案】ABC。

【解析】临时存款账户的使用范围：①设立临时机构；②异地临时经营活动；③注册验资；④境外(含中国港澳地区)机构在境内从事经营活动，选项ABC正确。证券交易结算存款人可以申请开立专用存款账户，选项D错误。

【真题8】个人银行结算账户仅限于办理现金存取业务，不得办理转账结算。(　　)

【答案】×。

【解析】个人银行结算账户用于办理个人转账收付和现金存取；储蓄账户仅限于办理现金存取业务，不得办理转账结算。

【真题9】下列关于个人银行结算账户的说法中，正确的是(　　)。

A. 自然人可根据需要申请开立个人银行结算账户，也可以在已开立的储蓄账户中选择，并向开户银行申请确认为个人银行结算账户

B. 邮政储蓄机构办理银行卡业务开立的账户纳入单位银行结算账户管理

C. 储蓄账户可以办理现金存取业务，也可以办理转账结算

D. 个人银行结算账户仅用于办理个人转账收付和现金支取

【答案】A。

【解析】邮政储蓄机构办理银行卡业务开立的账户纳入个人银行结算账户管理，选项 B 错误；储蓄账户仅限于办理现金存取，不得办理转账结算，选项 C 错误；

个人银行结算账户用于办理个人转账收付和现金存取，选项 D 错误。

【真题 10】单位从其银行结算账户支付给个人银行结算账户的款项，每笔超过(　　)万元的，应向其开户银行提供相关付款凭证。

A. 1　　B. 2　　C. 3　　D. 5

【答案】D。

【解析】单位银行结算账户支付给个人银行结算账户的款项，每笔超过 5 万元的，应提供付款依据。

【真题 11】根据《人民币银行结算账户管理办法》的规定，存款人可以办理现金缴存，但不得办理现金支取的账户是(　　)。

A. 一般存款账户　　B. 基本存款账户

C. 个人银行结算账户　　D. 临时存款账户

【答案】A。

【解析】一般存款账户只办理现金缴存，不得办理现金支取，选项 A 正确；基本存款账户是存款人日常经营活动的资金收付及其工资、奖金和现金的支取，选项 B 错误；个人银行结算账户用于办理个人转账支付和现金存取，选项 C 错误；临时存款账户支取现金，应按照国家现金管理的规定办理，选项 D 错误。

考点总结

	违法单位	违法事项	处罚金额
违反银行结算账户管理规定的罚则	非经营性存款人		1000 元
	经营性存款人	变更	1000 元
		伪造、变造，开立、撤销	1 万元以上 3 万元以下
		使用	5000 元以上 3 万元以下
	银行	多头开户、公款私存	5 万元以上 30 万元以下
		其他	5000 元以上 3 万元以下

第四节 票据结算方式

考点总结

票据概述	种类	汇票、本票、支票	
	当事人	基本当事人：出票人、付款人、收款人	
		非基本当事人：承兑人、背书人、被背书人、保证人	
		【注意】结合具体票据去理解	
	票据权利	两大权利	付款请求权是第一顺序权利，又称主要票据权利 行使人：(1)票载收款人(2)最后的被背书人
			追索权是第二顺序权利，又称偿还请求权 行使人：(1)票载收款人(2)最后的被背书人(3)代为清偿债务的保证人(4)代为清偿债务的背书人
		权利取得	一般情况：必须给付对价 特殊情况：因“税收、继承、赠与”可以依法无偿取得票据，但所享有的票据权利“不得优于前手” 不享有票据权利：因“欺诈、偷盗、胁迫、恶意或重大过失”而取得票据
		权利时效	(1)对票据的出票人和承兑人的权利，自票据到期日起2年 (2)见票即付的汇票、本票，自出票日起2年 (3)对支票出票人的权利，自出票日起6个月 (4)追索权，自被拒绝承兑或者被拒绝付款之日起6个月 (5)再追索权，自清偿或者被提起诉讼之日起3个月 【注意】第(4)、(5)种情况，不包括对“出票人”的追索权
	票据行为	出票、背书、承兑、保证	
		签章无效	“出票人”在票据上的签章不符合《票据法》等规定的，“票据无效”
			“承兑人、保证人”在票据上的签章不符合《票据法》等规定的，其签章无效，但不影响“其他”符合规定签章的效力
			“背书人”在票据上的签章不符合《票据法》等规定的，其签章无效，但不影响其“前手”符合规定签章的效力
	记载事项	必须记载事项、相对记载事项、任意记载事项、记载不产生法律效力的事项	
	补救措施	挂失止付	已承兑的商业汇票、支票、填明“现金”字样和代理付款人的银行汇票、填明“现金”字样的银行本票
		公示催告	找法院
		普通诉讼	

例题解析

【真题1】根据《票据法》的规定，下列各项中，(　　)属于即期票据。

A. 支票　　B. 本票　　C. 商业承兑汇票　　D. 见票即付的汇票

【答案】ABD。

【解析】即期票据是付款人见票后必须立即付款给持票人的票据，如支票及见票即付的汇票、本票。

【真题2】根据《支付结算办法》的规定，下列各项中，(　　)属于票据基本当事人。

A. 出票人　　B. 保证人　　C. 付款人　　D. 收款人

【答案】ACD。

【解析】票据基本当事人包括出票人、收款人和付款人。保证人是票据非基本当事人，选项B错误。

【真题3】根据《票据法》的规定，下列表述中，正确的有(　　)。

A. 票据是出票人依法签发的有价证券

B. 票据所记载的金额都由出票人自行支付或委托他人支付

C. 票据当事人分为基本当事人和非基本当事人

D. 票据代理是指票据行为权利人授权代理人代理其进行的票据行为

【答案】ABCD。

【解析】票据是出票人依法签发的，约定自己或委托付款人在见票时或指定的日期向收款人或持票人无条件支付一定金额并可转让的有价证券，选项AB正确；票据当事人分为基本当事人和非基本当事人，选项C正确；所谓“票据代理”，是指代理人根据被代理人的授权，以被代理人的名义实施的票据行为，选项D正确。

【真题4】　根据《支付结算办法》的规定，下列各项中，必须承兑的票据是(　　)。

A. 支票　　B. 本票　　C. 汇票　　D. 发票

【答案】C。

【解析】承兑是汇票付款人承诺在汇票到期日支付汇票金额并盖章的行为，是汇票的特有制度。

【真题5】根据《票据法》的规定，下列各项中，属于票据行为的有(　　)。

A. 票据丧失后向银行挂失止付

B. 出票人签发票据并将其交付给收款人

C. 汇票付款人承诺在汇票到期日支付汇票金额并签章

D. 票据债务人以外的人，为担保特定债务人履行票据债务而在票据上记载有关事项并签章

【答案】BCD。

【解析】属于票据行为的有出票、背书、承兑和保证。

【真题6】根据《票据法》的规定，票据记载事项一般分为(　　)。

A. 绝对记载事项　　　　B. 相对记载事项

C. 任意记载事项　　　　D. 不产生效力的记载事项

【答案】ABCD。

【解析】票据记载事项一般分为绝对记载事项、相对记载事项、任意记载事项和不产生效力的记载事项。

【真题7】失票人应当在通知挂失止付后的(　　)日内，也可以在票据丧失后，依法向人民法院申请公示催告，或者向人民法院提出诉讼。

A. 1　　B. 3　　C. 5　　D. 10

【答案】B。

【解析】失票人应当在通知挂失止付后的3日内，也可以在票据丧失后，依法向人民法院申请公示催告，或者向人民法院提出诉讼。

【真题8】下列票据丧失后，适用挂失止付方式的有(　　)。

A. 已承兑的商业汇票

B. 支票

C. 填明“现金”字样和代理付款人的银行汇票

D. 填明“现金”字样的银行本票

【答案】ABCD。

【解析】适用挂失止付方式的票据具体包括已承兑的商业汇票、支票、填明“现金”字样和代理付款人的银行汇票，以及填明“现金”字样的银行本票。

考点总结

<table>
<tr><td rowspan="8">支票</td><td rowspan="4">种类</td><td>现金支票</td><td>支取现金，不得背书转让</td></tr>
<tr><td>转账支票</td><td>转账，可以背书转让</td></tr>
<tr><td rowspan="2">普通支票</td><td>支取现金与转账</td></tr>
<tr><td>划线支票：只能用于转账不能用于支取现金</td></tr>
<tr><td rowspan="3">出票</td><td colspan="2">必须记载事项：表明“支票”的字样，无条件支付的委托，确定的金额，付款人名称，出票日期，出票人签章(六项)</td></tr>
<tr><td colspan="2">相对记载事项：付款地(1)、出票地(3)
【注意】无付款时间</td></tr>
<tr><td colspan="2">授权补记事项：金额、收款人名称
【注意】未补记前不得背书转让和提示付款</td></tr>
<tr><td>提示付款</td><td colspan="2">期限：自出票日起10日
超期：持票人开户银行不予受理，付款人不予付款</td></tr>
</table>

续表

支票	办理要求	“预留银行签章”→审核付款的“依据” “支付密码”→审核付款的“条件”	
		支票的出票人签发支票的金额不得超过“付款时”在付款人处实有的金额，禁止签发空头支票 【注意】非“出票时”“签发时”“开具时”	
		罚则	空头支票、签章不符、密码错误 银行：退票+罚款(票面金额5%但不低于1000元) 持票人：赔偿金(支票金额2%) 屡次签发：停止签发支票
			【注意】上述罚则为大纲说法(老规定)，考试请按其作答

例题解析

【真题1】根据《支付结算办法》的规定，出票人签发空头支票的，银行应予退票并按票面金额处以(　　)，持票人有权要求出票人赔偿支票金额(　　)的赔偿金。

A. 2%但不低于1000元的罚款　2%　　B. 2%但不低于1000元的罚款　5%

C. 5%但不低于1000元的罚款　2%　　D. 5%但不低于1000元的罚款　5%

【答案】C。

【解析】签发空头支票或者签发与其预留的签章不符的支票，不以骗取财物为目的的，由中国人民银行处以票面金额5%但不低于1000元的罚款；持票人有权要求出票人赔偿金额的2%的赔偿金。

【真题2】根据《支付结算办法》的规定，(　　)只能用于支取现金。

A. 现金支票　B. 转账支票　C. 普通支票　D. 划线支票

【答案】A。

【解析】现金支票只能支取现金，不能用于转账；转账支票和划线支票只能用于转账，不能支取现金；普通支票可以支取现金，也可以转账。

【真题3】根据《支付结算办法》的规定，支票与汇票和本票相比，(　　)是它的显著特点。

A. 以银行作为付款人　　B. 以其他金融机构作为付款人

C. 见票即付　　D. 可以透支

【答案】ABC。

【解析】支票与汇票和本票相比，有两个显著特点：①以银行或其他金融机构作为付款人；②见票即付。

【真题4】出票人签发的支票金额超过其出票时在付款人处实有的存款金额的，为空头支票。(　　)

【答案】×。

【解析】出票人签发的支票金额超过其付款时在付款人处实有的存款金额的，为空头支票。

【真题5】根据《支付结算办法》的规定，下列各项中，(　　)属于支票的绝对记载事项。

A. 表明“支票”的字样　　B. 无条件支付的承诺

C. 确定的金额和付款人名称　　D. 出票日期和出票人签章

【答案】ACD。

【解析】支票的绝对记载事项之一是无条件支付的委托，因此选项B错误。

【真题6】根据《票据法》的规定，下列情形中，(　　)将导致支票无效。

A. 支票上未记载付款地　　B. 支票上未记载付款日期

C. 支票金额中文大写与数学记载不一致　　D. 支票的出票日期被更改

【答案】CD。

【解析】付款地和付款日期是支票的相对记载事项，未记载不会导致支票失效，因此选项AB错误。

考点总结

<table>
<tr><td rowspan="12">商业汇票</td><td rowspan="2">种类</td><td>商业承兑汇票</td><td>由银行以外的付款人承兑</td></tr>
<tr><td>银行承兑汇票</td><td>由银行承兑</td></tr>
<tr><td>必须记载事项</td><td colspan="2">表明“商业承兑汇票”或“银行承兑汇票”的字样；无条件支付的委托；确定的金额；付款人名称；收款人名称；出票日期；出票人签章(七项)</td></tr>
<tr><td>相对记载事项</td><td colspan="2">付款日期、付款地(3)、出票地(3)</td></tr>
<tr><td rowspan="4">承兑</td><td>提示承兑</td><td>定日付款、出票后定期付款——汇票到期日前
见票后定期付款——自出票日起1个月内
未按照规定期限提示承兑的，丧失对前手的追索权</td></tr>
<tr><td colspan="2">付款人承兑商业汇票，应当在汇票正面记载“承兑”字样和承兑日期并签章，且不得负有条件，承兑附有条件的，视为拒绝承兑</td></tr>
<tr><td>效力</td><td>承兑人不得以其与出票人之间资金关系来对抗持票人</td></tr>
<tr><td>收费</td><td>银行承兑汇票的承兑手续费不再固定为0.5‰，而是实行市场调节价</td></tr>
<tr><td rowspan="2">付款</td><td>付款期限</td><td>最长不得超过6个月</td></tr>
<tr><td>提示付款</td><td>期限自汇票到期日起10日</td></tr>
</table>

续表

商业汇票	背书	记载事项	必须记载事项：背书人签章和被背书人名称 【注意】背书人未记载被背书人名称即交付的，被背书人自己记载与背书人记载具有同等效力 相对记载事项：背书日期(未记载视为到期前)
		基本要求	背书必须连续(形式上的连续)
		附条件	所附条件不具有汇票上的效力
		部分背书	将汇票金额的一部分或者将汇票金额分别转让给两人以上的背书无效
		禁止背书	(1)出票人在汇票上记载“不得转让”字样的，汇票不得转让 (2)背书人在汇票上记载“不得转让”字样，其后手再背书转让的，原背书人对后手的被背书人不承担保证责任，其只对直接的被背书人承担责任
		粘单	粘单上的“第一记载人”，应在粘接处签章
		期后背书	“被拒绝承兑、被拒绝付款或者超过付款提示期限”，不得背书转让
	保证	必须记载事项	保证字样，保证人签章
		相对记载事项	保证人住所(3)
			被保证人(未承兑→出票人；已承兑→承兑人)
			保证日期(出票日)
		【注意】教材说法：“保证人必须在汇票或者粘单上记载下列事项(绝对+相对均包括)”考试中按教材说法回答	
		附条件	保证附有条件的不影响对汇票的保证责任
		保证责任	连带责任

例题解析

【真题1】根据《支付结算办法》的规定，下列各项中，(　　)能够签发商业汇票。

A. 企业　　B. 事业单位　　C. 机关　　D. 社会团体

【答案】ABCD。

【解析】商业汇票的签发主体为银行以外的企事业单位、机关、团体等。

【真题2】商业汇票的付款期限，最长不得超过(　　)。

A. 6个月　　B. 1个月　　C. 2个月　　D. 1年

【答案】A。

【解析】商业汇票的付款期限，最长不得超过6个月。

【真题3】商业承兑汇票属于商业汇票，银行承兑汇票属于银行汇票。(　　)

【答案】×。

【解析】商业汇票按承兑人不同分为商业承兑汇票和银行承兑汇票。

【真题4】适用于在银行开立存款账户的法人及其他组织之间具有真实的交易关系或债权债务关系的票据结算方式是(　　)。

A. 支票　　B. 银行本票　　C. 商业汇票　　D. 汇兑

【答案】C。

【解析】在银行开立存款账户的法人及其他组织之间，必须具有真实的交易关系或债权债务关系，才能使用商业汇票。

【真题5】根据《支付结算办法》的规定，银行承兑汇票的出票人，必须具备(　　)条件。

A. 为在承兑银行开立存款账户的法人及其他组织

B. 与承兑银行具有真实的委托付款关系

C. 资信状况良好，具有支付汇票金额的可靠资金来源

D. 承兑的期限不得超过6个月

【答案】ABC。

【解析】银行承兑汇票的出票人必须具备下列条件：①为在承兑银行开立存款账户的法人及其他组织；②与承兑银行具有真实的委托付款关系；③具有支付汇票金额的可靠资金来源。

【真题6】付款人承兑时附有条件，下列说法中，正确的是(　　)。

A. 所附条件不具有汇票上的效力

B. 所附条件满足，承兑方能成立

C. 所附条件满足，承兑人应当承担到期付款的责任

D. 视为拒绝承兑

【答案】D。

【解析】付款人承兑商业汇票，不得附有条件；承兑附有条件的，视为拒绝承兑。

【真题7】根据《票据法》的规定，商业汇票未按照规定期限提示承兑的，持票人丧失对其前手的追索权。(　　)

【答案】√。

【真题8】根据《支付结算办法》的规定，下列各项中，(　　)属于法定禁止背书的汇票。

A. 被拒绝承兑的汇票　　B. 被拒绝付款的汇票

C. 超过付款提示期限的汇票　　D. 见票即付的汇票

【答案】ABC。

【解析】法定禁止背书的情形：被拒绝承兑、被拒绝付款、超过付款提示期限。

【真题9】根据《支付结算办法》的规定，下列各项中，(　　)属于背书不得记载的内容。

A. 背书日期　　B. 附有条件的背书　　C. 背书签章　　D. 部分背书

【答案】BD。

【解析】背书不得记载的内容有两项：附有条件的背书和部分背书。

【真题10】保证不得附有条件，如果保证附有条件，则票据无效。(　　)

【答案】×。

【解析】保证不得附有条件；附有条件的，所附条件无效。

【真题11】乙公司与丙公司交易时以汇票支付。丙公司见汇票出票人为甲公司，遂要求乙公司提供担保，乙公司请丁公司为该汇票作保证，丁公司在汇票背书栏签注“若甲公司出票真实，本公司愿意保证”字样。后经了解甲公司实际并不存在。丁公司对该汇票承兑的责任是(　　)。

A. 应当承担一定的赔偿责任

B. 只承担一般保证责任，不承担票据保证责任

C. 应当承担票据保证责任

D. 不承担任何责任

【答案】C。

【解析】保证不得附有条件；附有条件的，所附条件无效，保证本身具有效力，保证人应当承担票据保证责任。

【真题 12】根据《支付结算办法》的规定，下列各项中，(　　)属于商业汇票的绝对记载事项。

A. 表明商业承兑汇票或银行承兑汇票的字样

B. 无条件支付的委托

C. 确定的金额、付款人名称

D. 收款人名称、出票日期、出票人签章

【答案】ABCD。

【解析】商业汇票的绝对记载事项：①票据字样；②无条件支付的委托；③确定的金额；④付款人名称；⑤出票日期；⑥出票人签章；⑦收款人名称。

考点总结

银行汇票	出票	申请人或收款人一方为单位，不得申请“现金”银行汇票 填明现金字样的银行汇票不得背书转让
		必须记载事项：表明“银行汇票”的字样；无条件支付的承诺；出票金额；付款人名称；收款人名称；出票日期；出票人签章(七项)
	实际结算金额	(1)未填明实际结算金额和多余金额或者实际结算金额超过出票金额的，银行不予受理且不得背书转让 (2)实际结算金额不得更改，更改的银行汇票无效
	提示付款	提交：银行汇票+解讫通知
		期限：自出票日起1个月
		超期：“代理付款人”不予受理

例题解析

【真题 1】根据《支付结算办法》的规定，(　　)能够签发银行汇票。

A. 企事业单位　　B. 机关　　C. 银行　　D. 社会团体

【答案】C。

【解析】银行汇票是出票银行签发的，由其在见票时按照实际结算金额无条件支付给收款人或持票人的票据。

【真题 2】关于银行汇票的办理和使用要求，下列表述中，不正确的是(　　)。

A. 出票银行收妥款项后签发银行汇票，并用压数机压印出票金额，只需将银行汇票联交给申请人

B. 签发现金银行汇票，申请人和收款人都必须是个人

C. 银行汇票应在出票金额内按实际结算金额办理结算

D. 银行汇票的实际结算金额不得更改，更改实际结算金额的银行汇票无效

【答案】A。

【解析】出票银行收妥款项后签发银行汇票，并用压数机压印出票金额，要将银行汇票和解讫通知一并交给申请人，因此选项A说法错误。

考点总结

银行本票	基本当事人	出票人+收款人
	使用范围	可以用于转账，填明“现金”字样的也可以用于支取现金
	出票	申请人或收款人一方为单位，不得申请“现金”银行本票
		必须记载事项：表明“银行本票”的字样；无条件支付的承诺；确定的金额；收款人名称；出票日期；出票人签章(六项)
	提示付款	期限：自出票日起2个月

第五节　银行卡

考点总结

银行卡	分类	发行主体是否在境内	境内卡、境外卡
		是否给予授信额度	信用卡、借记卡
		币种	人民币卡、外币卡、双币种卡
		信息载体	磁条卡、芯片卡
	申领	凡在中国境内金融机构开立基本存款账户的单位可申领单位卡，单位卡可申领若干张	
		具有“完全民事行为能力”的公民可以申请个人卡，申领的附属卡最多不得超过2张 【注意】不是全体公民	
	销户	自×××发生之日起45天后 【注意】信用卡账户“两年”以上未发生交易的	
	贷记卡	(1)先消费后还款 (2)免息还款期：最长60天 最低还款额：首月最低还款额不低于当月透支余额的10% 【注意】二者只能享受其一 (3)存款无息，透支按月计收“复利”(免息还款期外)	

续表

银行卡	准贷记卡	(1)发卡银行要求"缴存备用金"，备用金不足支付时，在信用额度内透支 (2)透支期限为60天 (3)存款有息，透支按月计收"单利"
	单位卡	(1)资金从基本存款账户转入，不得存取现金和存入销货收入 (2)销户时，资金转入其基本存款账户，不得提取现金 (3)可以办理10万元以下的商品交易和劳务供应款项的结算 (4)单位卡可以透支但单笔不得超过5万，月不得超过综合授信度的3%，无综合授信度不得超过10万
	单位人民币卡	不得透支
	单位外币卡	透支额度不得超过持卡人保证金"80%"

例题解析

【真题1】根据《支付结算办法》的规定，下列各项中，商业银行向其办理信用卡收单业务时，(   )行业应当收取不低于交易金额2%的手续费。

A. 宾馆　　B. 餐饮　　C. 娱乐　　D. 旅游

【答案】ABCD。

【解析】宾馆、餐饮、娱乐、旅游等行业的手续费不得低于交易金额的2%，其他行业不得低于交易金额的1%。

第六节　其他结算方式

考点总结

汇兑	汇款回单	汇出银行"受理"汇款的依据
	收账通知	银行将款项"确已收入"收款人账户的凭据
	撤汇	汇出银行"尚未汇出"
	退汇	汇出银行"已经汇出" (1)收款人拒收，银行"立即"办理退汇(明确表示) (2)经过"2个月"无法交付的汇款，银行应主动办理退汇(未明确表示)

续表

托收承付	适用范围	主体限制	必须国有企业、供销合作社以及经营管理较好，并经开户银行审查同意的城乡集体所有制工业企业
		内容限制	必须商品交易或因商品交易而产生的劳务供应款项。代销、寄销、赊销商品的款项，不得办理托收承付结算
		金额限制	每笔金额起点为1万元(新华书店为1000元)
	使用规定	托收	"必须"签有购销合同，并注明使用托收承付 "必须"具有商品确已发运的证件
		承付	(1)验单付款的承付期为3天(承付期内遇法定休假日顺延)，从付款人开户银行发出承付通知的次日算起 (2)验货付款的承付期为10天，从运输部门向付款人发出提货通知的次日算起 【注意】付款人在承付期内，未向银行表示拒绝付款，银行即视作承付，并在"承付期满的次日"(遇法定休假日顺延)将款项主动划给收款人
国内信用证	特点		"不可撤销""不可转让"
	适用范围		"国内企业之间"商品交易产生的货款结算，并且只能用于转账结算，"不得支取现金"
	程序		(1)受理时，收取"不低于"开证金额"20%"的保证金 (2)申请人交存的保证金和其存款账户余额不足支付，开证行仍应在规定付款时间内付款，不足支付部分作逾期贷款处理 (3)议付仅限于"延期付款"信用证 【注意】议付行议付信用证后，对开证行具有索偿权；对受益人具有追索权

第七节 网上支付

考点总结

网上银行	分类	按经营组织分	(1)单纯网上银行：完全依赖于互联网的虚拟的电子银行，没有实际的物理柜台，一般只有一个办公地址，没有分支机构，也没有营业网点，应用互联网等高科技服务手段与客户建立密切的联系，为客户提供全方位的金融服务
			(2)分支型网上银行：指现有的传统银行利用互联网开展传统的银行业务，即传统银行利用互联网作为新的服务手段为客户提供在线服务，实际上是传统银行服务在互联网上的延伸

续表

网上银行	分类	按主要服务对象分	(1)企业网上银行：服务于企事业单位，帮助这些单位了解财务状况，及时调度资金，轻松处理工资发放和大批量的网络支付业务
			(2)个人网上银行：主要服务于个人和家庭，可以实时查询、转账、进行网络支付和汇款
	功能	企业网上银行	(1)账户信息查询 (2)支付指令 (3)B2B 网上支付 (4)批量支付
		个人网上银行	(1)账户信息查询 (2)人民币转账业务 (3)银证转账业务 (4)外汇买卖业务 (5)账户管理业务 (6)B2C 网上支付
第三方支付	概念	是经过中国人民银行批准的独立于商户和银行的“非银行机构”，为客户提供支付结算业务，一般借助通信、计算机和信息安全技术，采用与各大银行签约的方式，在用户与银行支付结算系统间建立连接	
	支付方式种类	线上支付	是指通过互联网实现的商户和商户、用户和商户之间在线货币支付、资金清算、查询统计等过程。包括网上支付和移动支付中的远程支付
		线下支付	是指通过非线上支付方式进行的支付行为。包括 POS 机刷卡支付、拉卡拉等自助终端支付、电话支付、手机近端支付、电视支付等方式
	模式	金融型支付企业	如立足于企业端的银联商务、快钱、易宝支付、汇付天下、拉卡拉等
		互联网支付企业	如立足于个人消费者端的支付宝、财付通等

二、本章同步训练

一、单项选择题

1. 下列关于国内信用证的说法中，错误的是(　　)。

A. 国内信用证是开证银行依照申请人的申请向受益人开出的有一定金额、在一定期限内凭信用证规定的单据支付款项的书面承诺

B. 国内信用证是适用于国外贸易的一种支付结算方式

C. 我国信用证为不可撤销、不可转让的跟单信用证

D. 不可撤销信用证，是指信用证开具后在有效期内，非经信用证各有关当事人(即开

证银行、开证申请人和受益人)的同意，开证银行不得修改或者撤销的信用证

2. 银行卡分为人民币卡、外币卡、双币种卡是按照(　　)来划分的。

A. 发行主体是否在境内　　B. 是否给予持卡人授信额度

C. 信息载体不同　　D. 账户币种不同

3. 下列关于银行本票的提示付款期限的表述中，错误的是(　　)。

A. 银行本票见票即付

B. 提示付款期限自出票日起最长不得超过1个月。

C. 持票人超过付款期限提示付款的，代理付款人不予受理

D. 持票人超过提示付款期限不获付款的，在票据权利时效内向出票银行作出说明，并提供本人身份证件或单位证明，可持银行本票向出票银行请求付款

4. 银行汇票的有效期限自出票日起(　　)。

A. 1个月　　B. 1年　　C. 2年　　D. 3年

5. 关于票据的保证，下列表述正确的是(　　)。

A. 背书人可以同时作为保证人

B. 票据保证是一种书面行为，并须作成于汇票或粘单上，如果另行签订保证合同的，也属于票据保证

C. 为出票人、承兑人保证的，应当记载于汇票的背面或粘单上

D. 被保证的汇票，保证人应当与被保证人对持票人承担连带责任

6. 甲将一张100万元的汇票分别背书转让给乙70万元、丙30万元，下列有关该背书效力的表述中，正确的是(　　)。

A. 背书无效　　B. 背书有效

C. 乙和丙中数额较大的有效　　D. 乙和丙中签章在前的有效

7.《支付结算办法》对商业汇票的最长付款期限有明确的规定。该期限是(　　)。

A. 1个月　　B. 3个月　　C. 6个月　　D. 9个月

8. 银行承兑汇票应由(　　)签发。

A. 银行　　B. 付款人　　C. 保证人　　D. 存款人

9. 根据我国《票据法》规定，商业汇票的绝对记载事项是(　　)。

A. 出票地　　B. 付款地　　C. 付款日期　　D. 出票日期

10. 商业汇票的付款期限，最长不得超过(　　)，提示付款期限为自汇票到期日起(　　)内。

A. 1个月、10日　　B. 3个月、1个月　　C. 6个月、10日　　D. 1个月、30日

11. 银行审核支票付款的依据是(　　)。

A. 出票人预留银行签章　　B. 出票人单位公章

C. 出票人法定代表人的签章　　D. 出票人单位公章加法定代表人的签章

12. 下列关于支票的提示付款期限的表述中，正确的是(　　)。

A. 自出票日起10日内　　B. 自出票日起20日内

C. 自出票日起30日内　　　　　　　　　　D. 自出票日起60日内

13. 票据丧失后，不能采取的补救措施是(　　)。

A. 挂失止付　　　　B. 公示催告　　　　C. 申请仲裁　　　　D. 普通诉讼

14. 根据《支付结算办法》的规定，下列票据和结算凭证上的记载事项，(　　)是原记载人可以更改的。

A. 金额　　　　　　　　　　　　　　B. 出票或签发时间

C. 付款时间　　　　　　　　　　　　D. 收款人名称

15. 下列关于票据权利的消灭时效的说法中，正确的是(　　)。

A. 票据权利时效期间是指提示付款期间

B. 持票人对支票出票人的权利，自出票日起3个月

C. 持票人对前手的再追索权，自清偿日或者被提起诉讼之日起3个月

D. 持票人对前手的追索权，在被拒绝承兑或者被拒绝付款之日起3个月

16. 下列各项中，属于票据基本当事人的是(　　)。

A. 出票人　　　　B. 承兑人　　　　C. 保证人　　　　D. 背书人

17. 下列各项不属于支付结算方式的是(　　)。

A. 支票　　　　B. 银行汇票　　　　C. 汇兑　　　　D. 实物抵债

18. 在票据背面或者粘单上记载有关事项并签章的票据行为是(　　)。

A. 出票　　　　B. 背书　　　　C. 保证　　　　D. 承兑

19. 贷记卡持卡人非现金交易享受免息还款期，免息还款期最长为(　　)。

A. 20天　　　　B. 30天　　　　C. 50天　　　　D. 60天

20. 由出票人签发、委托办理该种票据存款业务的银行在见票时无条件支付确定的金额给收款人或者持票人的结算方式是(　　)。

A. 银行汇票　　　　B. 支票　　　　C. 银行本票　　　　D. 商业汇票

21. 下列票据中，不属于《票据法》调整范围的是(　　)。

A. 汇票　　　　B. 本票　　　　C. 支票　　　　D. 发票

22. 存款人违反规定将单位款项转入个人银行结算账户的，对于经营性的存款人，给予警告并处以(　　)的罚款。

A. 1000元　　　　　　　　　　　　　B. 10000元

C. 5000元以上3万元以下　　　　　　D. 1万元以上3万元以下

23. 下列关于个人银行结算账户的说法中，不正确的是(　　)。

A. 从单位银行结算账户支付给个人银行结算账户的款项应纳税的，税收代扣单位付款时应向其开户银行提供完税证明

B. 使用信用卡支付工具的可以申请开立个人银行结算账户

C. 单位银行结算账户支付给个人银行结算账户款项的，银行应按有关规定认真审查付款依据或收款依据的原件，并留存复印件，按会计档案保管

D. 储蓄账户与个人银行结算账户一样，也可以办理转账结算

24. 存款人因借款和其他结算需要，如为享受不同银行的特色服务或分散在一家银行开立账户可能出现的资金风险，可以在基本存款账户开户银行以外的银行营业机构开立(　　)。

A. 个人银行结算账户　　B. 异地银行结算账户

C. 一般存款账户　　D. 专用存款账户

25. 根据《人民币银行结算账户管理办法》的规定，关于基本存款账户与临时存款账户在管理上的区别，表述正确的是(　　)。

A. 基本存款账户能支取现金而临时存款账户不能支取现金

B. 基本存款账户不能向银行借款而临时存款账户可以向银行借款

C. 基本存款账户没有数量的限制而临时存款账户有数量的限制

D. 基本存款账户没有时间限制而临时存款账户实行有效期管理

26. 经营地与注册地不在同一行政区域的存款人，在异地开立基本存款账户的，应出具注册地(　　)的未开立基本存款账户的证明。

A. 中国人民银行分支行　　B. 财政局

C. 银监会　　D. 账户所在银行

27. 下列关于基本存款账户的说法，正确的是(　　)。

A. 存款人可以没有基本存款账户，但一定要有一般存款账户

B. 基本存款账户不能支取现金

C. 基本存款账户是存款人的主办账户

D. 基本存款账户是存款人的非主办账户

28. (　　)是银行结算账户的监督管理部门，负责对银行结算账户的开立、使用、变更和撤销进行检查监督。

A. 中国人民银行　　B. 银行业监督协会

C. 国务院财政部　　D. 中国银行

29. 存款人下列事项的变更，不需要于5个工作日内书面通知开户银行并提供相关证明，及时办理变更手续的为(　　)。

A. 主要负责人变更　　B. 法定代表人变更

C. 住址变更　　D. 开户银行的改变

30. 根据中国人民银行结算账户管理办法的有关规定，对下列资金的管理和使用，存款人可以申请开立专用存款账户的是(　　)。

A. 基本建设资金　　B. 注册验资　　C. 向银行借款　　D. 支取奖金

31. 单位银行结算账户的存款人可以在银行开立(　　)基本存款账户。

A. 1个　　B. 3个　　C. 10个　　D. 没有数量限制

32. 有关票据出票日期的说法，正确的是(　　)。

A. 票据的出票日期必须使用中文大写

B. 在填写月、日时，月为壹、贰和壹拾的应在其前加“壹”

C. 在填写月、日时，日为拾壹至拾玖的，应在其前面加“零”

D. 票据出票日期使用小写填写的，银行也应受理

33. 委托收款以银行以外的单位为付款人的，委托收款凭证必须记载(　　)。

A. 付款人开户银行名称　　B. 收款人开户银行名称

C. 被委托银行名称　　D. 委托银行名称

34. 下列各项中，(　　)不属于支付结算基本原则。

A. 恪守信用，履约付款　　B. 谁的钱进谁的账，由谁支配

C. 先收后付，收支抵用　　D. 银行不垫款

35. 根据支付结算法律制度的规定，下列有关汇兑的表述中，不正确的是(　　)。

A. 汇兑分为信汇和电汇两种

B. 汇兑每笔金额起点为 1 万元

C. 汇兑适用于单位和个人各种款项的结算

D. 汇兑是汇款人委托银行将其款项支付给收款人的结算方式

36. 下列各项中，(　　)不属于支付结算主要法律依据。

A.《票据法》　　B.《电子支付指引》　　C.《支付结算办法》　　D.《合同法》

37. 同一持卡人单笔透支发生额，个人卡不得超过(　　)。

A. 20 万元　　B. 2 万元　　C. 1 万元　　D. 5 万元

38. 下列关于托收承付的说法中，错误的是(　　)。

A. 使用托收承付结算方式的收款单位和付款单位，必须是国有企业、供销合作社以及经营管理较好，并经开户银行审查同意的城乡集体所有制工业企业

B. 收付双方办理托收承付结算，必须重合同、守信用

C. 收款人对同一付款人发货托收累计 2 次收不回货款的，收款人开户银行应暂停收款人向该付款人办理托收

D. 付款人累计 3 次提出无理拒付的，付款人开户银行应暂停其向外办理托收

39. (　　)是支付结算和资金清算的中介机构。

A. 金融中心　　B. 证券机构　　C. 银行　　D. 财政部门

40、关于现金收支的基本要求，下列表述不正确的是(　　)。

A. 开户单位收入现金一般应于当日送存开户银行

B. 开户单位支付现金，可以从本单位的现金收入中直接支付

C. 开户单位对于符合现金使用范围规定，从开户银行提取现金的，应写明用途，由本单位财会部门负责人签字盖章，并经开户银行审查批准

D. 不准单位之间相互借用现金

41. 根据支付结算法律制度的规定，下列各项中，不属于企业网上银行功能的是(　　)。

A. 账户信息查询　　B. 批量支付　　C. B2C 网上支付　　D. B2B 网上支付

二、多项选择题

1. 下列关于议付的表述正确的有(　　)。

A. 议付行议付后，应将单据寄开证行索偿资金

B. 除非信用证另有规定，索偿金额不得超过单据金额

C. 议付行议付信用证后，对受益人具有追索权，到期不获付款的，议付行可从受益人账户收取议付金额

D. 议付行议付后，应按规定向受益人收取议付手续费及邮电费

2. 付款人在承付期内，可以拒绝付款的情形有(　　)。

A. 没有签订购销合同或者购销合同未订明托收承付结算方式的款项

B. 验货付款，经查验货物与合同规定或与发货清单不符的款项

C. 未按合同规定的到货地址发货的款项

D. 货款已经支付或计算错误的款项

3. 单位和个人凭已承兑的(　　)等付款人债务证明办理款项的结算，均可以使用委托收款结算方式。

A. 商业承兑汇票　　B. 银行承兑汇票　　C. 债券　　D. 存单

4. 下列关于汇兑的特征的表述中，符合法律规定的有(　　)。

A. 转汇银行不得受理汇款人对汇款的退汇但可以为其办理撤销

B. 汇款回单作为该笔汇款已转入收款人账户的证明

C. 汇款人对汇出银行尚未汇出的款项可以申请撤销

D. 汇入银行对于收款人拒绝接受的汇款，应立即办理退汇

5. 根据规定，下列关于单位卡的表述中，正确的有(　　)。

A. 单位卡账户的资金应从其基本存款账户中转账存入，不得交存现金

B. 单位卡续存资金时可以交存销货收取的现金

C. 销户时，单位卡账户余额转入其基本存款账户

D. 单位卡一律不准支取现金

6. 银行卡是指经批准由商业银行(含邮政金融机构)向社会发行的具有(　　)等全部或部分功能的信用支付工具。

A. 消费信用　　B. 转账结算　　C. 投资融资　　D. 存取现金

7. 下列关于本票退款和丧失的叙述中，正确的有(　　)。

A. 申请人因银行本票超过提示付款期限或其他原因要求退款时，应将银行本票提交到出票银行，申请人为单位的，应出具该单位的证明，申请人为个人的，应出具该本人的身份证件

B. 出票银行对于在本行开立存款账户的申请人，只能将款项转入原申请人账户

C. 出票银行对于现金银行本票和未在本行开立存款账户的申请人，才能退付现金

D. 银行本票丧失，失票人可以凭人民法院出具的其享有票据权利的证明，向出票银行请求付款或退款

8. 银行本票的记载事项包括(　　)。

A. 表明“银行本票”的字样　　B. 确定的金额

C. 付款人名称　　　　　　　　　　　　　　　　D. 出票日期

9. 下列符合银行汇票的基本规定的有(　　)。

A. 银行汇票的出票人在票据上的签章，应为经中国银行批准使用的该银行汇票专用章加其法定代表人或其授权经办人的签名或者盖章

B. 银行汇票的背书转让以不超过出票金额的实际结算金额为准

C. 未填写实际结算金额或实际结算金额超过出票金额的银行汇票可以背书转让

D. 填明“现金”字样和代理付款人的银行汇票丧失，可以由失票人通知付款人或者代理付款人挂失止付

10. 关于银行汇票的叙述中，正确的有(　　)。

A. 银行汇票一式四联，第一联为卡片，为承兑行支付票款时作付出传票

B. 第二联为银行汇票，与第三联解讫通知一并由汇款人自带，在兑付行兑付汇票后此联作银行往来账付出传票

C. 第三联解讫通知，在兑付行兑付后随报单寄签发行，由签发行作余款收入传票

D. 第四联是多余款通知，并在签发行结清后交汇款人

11. 根据规定，下列关于背书表述正确的有(　　)。

A. 汇票转让只能采用背书的方式

B. 出票人在汇票上记载“不得转让”字样的，不得转让

C. 背书是一种要式行为，必须符合法定的形式

D. 背书不得记载的内容包括附有条件的背书和部分背书两项

12. 关于汇票的提示付款期限，下列说法中正确的有(　　)。

A. 见票即付的汇票无须提示付款

B. 见票即付的汇票，自出票日起 1 个月内向付款人提示付款

C. 定日付款的汇票，自到期日起 10 日内向承兑人提示付款

D. 见票后定期付款的汇票，自到期日起 10 日内向承兑人提示付款

13. 商业汇票按照承兑人的不同分为(　　)。

A. 商业本票　　　　B. 银行汇票　　　　C. 银行承兑汇票　　D. 商业承兑汇票

14. 2013 年 4 月 20 日 A 公司向 B 公司签发一张金额为 15000 元的支票，B 公司 2013 年 4 月 26 日向付款人提示付款时，A 公司在其开户银行处实有的银行存款余额为 5000 元。对 A 公司签发空头支票的行为，银行应处的罚款数额不可以为(　　)元。

A. 1000　　　　B. 1500　　　　C. 750　　　　D. 300

15. 甲公司向乙公司购买货物，签发支票一张给乙公司以抵顶货款，由丙公司为保证人，乙公司拿到支票后背书转让给丁公司以抵顶前欠材料款，丁公司向甲公司开户银行 A 提示付款，则上述事项中属于该支票基本当事人的有(　　)。

A. 甲公司　　　　B. 乙公司　　　　C. 丙公司　　　　D. 丁公司

E. A 银行

16. 根据《票据法》规定，下列关于支票的表述正确的有(　　)。

A. 现金支票只能支取现金，不能用于转账

B. 转账支票只能用于转账，不能支取现金

C. 普通支票可以用于支取现金，也可以用于转账

D. 划线支票只能用于支取现金，不能用于转账

17. 下列关于票据丧失的补救措施中，说法正确的有(　　)。

A. 只有确定付款人或代理付款人的票据丧失时，才可以进行挂失止付

B. 失票人应当在通知挂失止付后的3日内，也可以在票据丧失后，依法向人民法院申请公示催告，或者向人民法院提起诉讼

C. 申请公示催告的主体必须是可以背书转让的票据的最后持票人，失票人不知道票据的下落，利害关系人也不明确

D. 如果与票据上的权利有利害关系的人是明确的，无须公示催告，可按一般的票据纠纷向法院提起诉讼

18. 票据权利是指(　　)。

A. 请求权　　B. 追索权　　C. 付款请求权　　D. 偿还权

19. 单位、个人和银行在票据上签章时，必须按照规定进行。下列签章无效的有(　　)。

A. 单位在票据上使用该单位财务专用章或公章加其法定代表人的签名或盖章

B. 个人在票据上使用与其身份证件姓名不一致的签名

C. 银行作为出票人在银行汇票上仅使用了经中国人民银行批准使用的银行汇票专用章

D. 商业承兑汇票的承兑人在票据上使用其预留银行的签章

20. 根据《支付结算办法》的规定，下列各项中，属于票据保证相对记载事项的有(　　)。

A. 保证日期　　B. 被保证人名称　　C. 保证人签章　　D. 保证人住所

21. 以下票据可以提现的是(　　)。

A. 普通支票　　B. 商业汇票　　C. 银行汇票　　D. 银行本票

22. 以下属于票据的功能的有(　　)。

A. 支付功能　　B. 结算功能　　C. 流通功能　　D. 融资功能

23. 存款人违反规定，伪造、变造开户登记证，对于其处罚，下列表述正确的有(　　)。

A. 非经营性的存款人，处以1000元的罚款

B. 经营性的存款人，给予警告并处以1万元以上3万元以下的罚款

C. 非经营性的存款人，给予警告并处以1万元以上3万元以下的罚款

D. 构成犯罪的，移交司法机关依法追究刑事责任

24. 根据《银行结算账户管理办法》的规定，存款人对银行结算账户的管理包括(　　)。

A. 应加强对银行票据的管理　　B. 应加强对预留银行签章的管理

C. 应加强对开户许可证的管理　　D. 应妥善保管其密码

25.《人民币结算账户管理办法》规定，存款人可以开立异地银行结算账户的情形有(　　)。

A. 营业执照注册地与经营地不在同一行政区域需要开立基本存款账户的

B. 营业执照注册地与经营地不在同一行政区域需要开立一般存款账户的

C. 办理异地借款需要开立一般存款账户的

D. 办理异地借款需要开立基本存款账户的

26. 根据《人民币银行结算账户管理办法》的规定，可以申请开立个人银行结算账户的条件有(　　)。

A. 使用支票　　B. 使用信用卡

C. 办理汇兑　　D. 办理定期借记或定期贷记

27. 存款人申请开立临时存款账户，应向银行出具相应的证明文件，下列关于证明文件的表述中正确的有(　　)。

A. 临时机构，应出具其驻在地主管部门同意设立临时机构的批文

B. 异地建筑施工及安装单位，应出具其营业执照正本或其隶属单位的营业执照副本，以及施工及安装地建设主管部门核发的许可证或建设施工及安装合同

C. 异地从事临时经营活动的单位，应出具其营业执照副本以及临时经营地工商行政管理部门的批文

D. 注册验资资金，应出具工商行政管理部门核发的企业名称预先核准通知书或有关部门的批文

28. 根据人民币银行结算账户管理的有关规定，下列专用存款账户中，不可以支取现金的有(　)。

A. 基本建设资金账户　　B. 政策性房地产开发资金账户

C. 证券交易结算资金专用存款账户　　D. 信托基金专用存款账户

29. 下列关于一般存款账户的表述中，正确的有(　　)。

A. 一般存款账户可以办理现金缴存，不得办理现金支取

B. 存款人开立一般存款账户没有数量的限制，可以开设无数个

C. 开立一般存款账户实行备案制，无须经中国人民银行核准

D. 存款人开立一般存款账户的，应于开户之日起 3 个工作日向中国人民银行当地分支行备案

30. 下列存款人中，可以申请开立基本存款账户的有(　　)。

A. 非法人企业　　B. 单位设立的独立核算的附属机构

C. 异地常设机构　　D. 民办非企业组织

31. 下列属于撤销银行结算账户事由的是(　　)。

A. 被宣告破产　　B. 解散

C. 被吊销营业执照　　D. 因迁址需要变更开户银行

32. 下列关于银行结算账户的表述错误的有(　　)。

A. 基本存款账户主要办理存款人日常经营活动的资金收付及其工资、奖金和现金的支取

B. 一般存款账户用于办理各项专用资金的收付

C. 专用存款账户可以用于办理存款人借款转存、借款归还和其他结算的资金收付

D. 临时存款账户用于办理临时机构以及存款人临时经营活动发生的资金收付

33. 下列关于填写票据和结算凭证的描述中正确的是(　　)。

A. 中文大写金额数字应用正楷或行书填写，也可使用简化字

B. 中文大写金额数字到“元”为止的，在“元”之后应写“整”(或“正”)字

C. 中文大写金额数字前无须标明“人民币”字样

D. 阿拉伯小写金额数字中有“0”的，中文大写应按照汉语语言规律、金额数字构成和防止涂改的要求进行书写

34. 下列各项中，属于支付结算特征的有(　　)。

A. 是一种要式行为

B. 其发生取决于委托人的意志

C. 实行统一领导、分级管理

D. 必须依法进行

35. 关于现金管理中现金使用的限额，下列表述正确的是(　　)。

A. 开户银行应当根据实际需要，核定开户单位 3 天至 5 天的日常零星开支所需的库存现金限额

B. 边远地区和交通不便地区的开户单位的库存现金限额，可以多于 5 天，但不得超过 10 天

C. 开户单位需要增加或减少库存现金限额的，应当向开户银行提出申请，由开户银行核定

D. 边远地区和交通不便地区的开户单位的库存现金限额，可以多于 5 天，但不得超过 15 天

36. 下列关于第三方支付的表述中，错误的有(　　)。

A. 第三方平台内部的资金划拨是实体资金

B. 第三方支付指非金融机构作为支付中介的一种支付服务

C. POS 机刷卡支付是一种线上支付方式

D. 金融型支付企业不负有担保功能

三、判断题

1. 不可撤销信用证，是指受益人不能将信用证的权利转让给他人的信用证。(　　)

2. 托收承付结算每笔的金额起点为 2 万元，新华书店系统每笔的金额起点为 1000 元。(　　)

3. 不论验单付款还是验货付款，付款人都可以在承付期内提前向银行表示承付，并通知银行提前付款，银行应立即办理划款。(　　)

4. 委托收款只能用于同城。(　　)

5. 汇款人为个人，收款人为单位，需要在汇入银行支取现金的，应在信、电汇凭证的“汇款金额”大写栏，先填写“现金”字样，后填写汇款金额。(　　)

6. 银行卡遗失或被盗，持卡人应立即持本人身份证或其他有效证明，就近向发卡银行或代办银行申请挂失，并按规定提供有关情况，办理挂失手续。(　　)

7. 单位卡在使用过程中，需要向其账户续存现金的，一律从其基本存款账户存入，不得交存现金，不得将销货收入的款项存入其账户。(　　)

8. 根据《票据法》的规定，本票的出票人就是付款人。(　　)

9. 在一次交易活动中，甲公司签发了一张现金银行汇票给乙公司，此行为是无效的。(　　)

10. 出票人或背书人在票据上记载“不得转让”等类似文句，以禁止票据权利的转让，称为禁止背书。(　　)

11. 持票人付款提示后，付款人依法审查无误后必须无条件地在当日按票据金额足额支付给持票人。(　　)

12. 甲公司向乙公司开具一张经A银行承兑的银行承兑汇票，乙公司持有到期后在法定期限内向银行提示付款，此时甲公司在A银行账户中的资金不足以支付票据款，本着办理支付结算业务中“银行不垫款”的原则，A银行有权拒绝向乙公司支付票据款。(　　)

13. 商业汇票的出票人与付款人之间必须具有真实的委托付款关系，并且具有支付汇票金额的可靠资金来源。(　　)

14. 商业汇票只能在同城使用，不能在异地使用。(　　)

15. 支票的持票人应当自出票日起10日内提示付款，超过提示付款期限提示付款的，付款人可以不予付款，同时出票人不再对持票人承担票据责任。(　　)

16. 在普通支票左上角划两条平行线的，为划线支票，划线支票只能用于支取现金，不能用于转账。(　　)

17. 现金支票丧失可挂失止付，转账支票丧失不得挂失止付。(　　)

18. 票据责任是指票据债务人向持票人支付票据金额的责任。它是基于债务人特定的票据行为而应承担的义务，并具有制裁性质。(　　)

19. 保证不得附有条件，附有条件的，不影响对汇票的保证责任。(　　)

20. 票据是由出票人签发的，约定自己或者委托付款人在见票时或指定的日期向收款人或持票人在符合条件时支付一定金额的有价证券。(　　)

21. 存款人的法定代表人或主要负责人、存款人地址以及其他开户资料的变更事项未在规定期限内通知银行的，给予警告并处以3000元以上的罚款。(　　)

22. 票据和结算凭证的金额、出票或签发日期、收款人名称更改的，在更改处签章证明后，银行可以受理。(　　)

23. 存款人的开户许可证遗失或毁损时，存款人应填写“补(换)发开户许可证申请书”，并加盖单位公章，比照有关开立银行结算账户的规定，向开户银行提出补(换)发开户许可证的申请。(　　)

24. 生产厂家在异地的展销活动，不能在异地开立临时存款账户。(　　)

25. 根据规定，单位从其银行结算账户支付给个人银行结算账户的款项应纳税的，税收代扣单位付款时应向其开户银行提供完税证明。(　　)

26. 临时存款账户有效期最长不得超过 5 年。(　　)

27. 存款人申请开立专用存款账户，应当向银行出具其开立基本存款账户规定的证明文件、基本存款账户开户登记证和相关证明文件。开立时同一证明文件，只能开立一个专用存款账户。(　　)

28. 根据《人民币银行结算账户管理办法》的规定，存款人申请开立一般存款账户数量最多不超过 5 个。(　　)

29. 根据《人民币银行结算账户管理办法》的规定，独立核算的附属机构申请开立基本存款账户时，应出具其主管部门的基本存款账户开户登记证和批文。(　　)

30. 银行应建立存款人预留签章卡片，并将签章式样和有关证明文件的原件或复印件留存归档。(　　)

31. 银行一律不得为任何单位或者个人查询账户情况，不得为任何单位或者个人冻结、扣划款项，不得停止单位、个人存款的正常支付。(　　)

32. 中文大写金额数字前应标明“人民币”字样，大写金额数字应紧接“人民币”字样填写，也可留有空白。(　　)

33. 支票持票人在提示付款时，银行发现出票人账户中的资金不足以支付票据款项，此时应该按照签发空头支票的行为来依法对其进行处罚。这体现的支付结算原则是银行不垫款原则。(　　)

34. 根据《支付结算办法》的规定，除法律、行政法规另有规定外，未经中国人民银行批准的非银行金融机构和其他单位，不得作为中介机构经营银行支付结算业务。(　　)

35. 按照《现金管理暂行条例》及其实施细则的规定，库存现金限额由开户银行根据各单位的实际情况来核定，如果是离银行较远，交通不便的单位，可以放宽限额，可以多于 15 天的日常零星开支。(　　)

四、不定项选择题

1. 2013 年 9 月，甲公司发生如下业务：(1) 向乙公司购买一批钢材，甲公司将一张汇票背书转让给乙公司作为付款，背书时注明“货到后此汇票方生效”；(2) 向丙公司发出一张支票，丙公司在转让前发现该支票未记录个别事项；(3) 向银行申请开立临时账户。

要求：根据以上资料，回答下列问题。

(1) 对于转让给乙公司的汇票，下列表述中，正确的有(　　)。

A. 该背书所附的条件“货到后此汇票方生效”有效

B. 该背书所附的条件“货到后此汇票方生效”无效

C. 该背书仍然有效

D. 被背书人即乙公司可依背书取得票据权利

(2) 在下列各项中，对基本存款账户与临时存款账户在管理上的区别，表述正确的是( )。

A. 基本存款账户能支取现金而临时存款账户不能支取现金

B. 基本存款账户不能向银行借款而临时存款账户可以向银行借款

C. 基本存款账户没有开设数量的限制而临时存款账户受开设数量的限制

D. 基本存款账户没有时间限制而临时存款账户实行有效期管理

(3) 根据《中华人民共和国票据法》的规定，下列各项中，支票的出票人可授权补记的有( )。

A. 支票金额　　B. 出票日期　　C. 付款人名称　　D. 收款人名称

(4) 下面关于支票的表述中，正确的有( )。

A. 支票结算用于同城支付结算

B. 支票可以支取现金也可以转账

C. 支票无金额起点

D. 支票的提示付款期限自出票日起 10 日内

(5)《中华人民共和国票据法》所指的票据包括( )。

A. 支票　　B. 信用证　　C. 汇票　　D. 本票

2. 甲公司 2014 年 1 月 1 日取得公司营业执照，并办理了税务登记证，5 日办理了银行结算账户，15 日公司提取 15 万元用于发放职工工资。甲公司因业务发展需要，取得异地该母公司所在地银行贷款 1200 万元。甲公司是新能源公司，经审核，符合当地扶持政策，收到财政部门的政策性扶持资金 50 万元，财政部门要求对此资金专款专用。根据上述事项，请回答下列问题：

(1) 甲公司申请开立基本存款账户需要的资料有( )。

A. 营业执照正本　　B. 营业执照副本　　C. 开户许可证　　D. 税务登记证

(2) 一般存款账户可以办理下列( )事项。

A. 借款转存、归还　　B. 结算资金收付　　C. 现金缴存　　D. 支取现金

(3) 甲公司职工工资应通过( )银行账户发放。

A. 基本存款账户　　B. 一般存款账户　　C. 专用存款账户　　D. 临时存款账户

(4) 甲公司应在母公司所在地开立( )银行账户。

A. 基本存款账户　　B. 一般存款账户　　C. 专用存款账户　　D. 临时存款账户

(5) 甲公司收到的 50 万元扶持资金应存入( )银行账户。

A. 基本存款账户　　B. 一般存款账户　　C. 专用存款账户　　D. 临时存款账户

3. 某供销社地处边远山区，每日现金零星支付需要量为 2000 元。经开户银行审查批准，该企业可以从自己的收入中坐支现金，坐支的限额是 2 万元。以下是该企业 2013 年 6 月的库存现金日记账。

库存现金日记账

2013年		凭证号码		对方科目	摘要	收入	付出	结余
月	日	字	号					
6	1	略			期初余额			40000
	5				职工出差借款		3000	37000
	8				收到销售给当地个人的销货款	26000		63000
	10				收到销售给当地个人的销货款	1000		64000
	15				购买当地农民的农副产品		25000	39000
	16				收到销售给当地个人的销货款	85000		124000
	25				购买当地农民的农副产品		65000	59000
	26				收到销售给当地个人的销货款	58000		117000
	30				本月合计及期末余额	170000	93000	117000

要求：根据上述资料，回答下列题目。

(1) 根据现金管理的有关规定，该单位的库存现金限额应为(　　)。

A. 不超过40000元　　B. 不超过30000元

C. 不超过20000元　　D. 不超过10000元

(2) 按照现金管理要求，以下说法中正确的有(　　)。

A. 6月5日，支付给职工出差借款3000元，超出现金使用限额规定

B. 6月8日，销售给当地个人的销货款26000元，不应收取现金

C. 6月15日，购买当地农民的农副产品25000元，可以支付现金

D. 对现金结算，不可给予比转账结算优惠的待遇

(3) 关于该单位是否坐支现金的问题，以下判断中正确的有(　　)。

A. 不存在坐支

B. 存在坐支

C. 坐支的金额没有超出开户银行规定的坐支限额

D. 坐支的金额已经超出开户银行规定的坐支限额

(4) 根据规定，下列事项中，开户单位可以使用现金的有(　　)。

A. 超过1000元的职工工资、津贴

B. 个人劳务报酬

C. 向个人收购农副产品和其他物资的价款

D. 出差人员必须随身携带的差旅费

(5) 以下说法中正确的有(　　)。

A. 2013年6月初，库存现金超过了库存限额

B. 2013年6月末，库存现金超过了库存限额

C. 按照规定，2013年6月30日，送存银行的现金不应少于87000元

D. 按照规定，2013年6月30日，送存银行的现金不应少于77000元

三、答案与解析

一、单项选择题

1. B【解析】国内信用证是适用于国内贸易的一种支付结算方式。该题针对“国内信用证”知识点进行考核。

2. D【解析】银行卡按照账户币种不同分为人民币卡、外币卡、双币种卡。该题针对“银行卡的概念与分类”知识点进行考核。

3. B【解析】选项 B，提示付款期限自出票日起最长不得超过 2 个月。该题针对“银行本票”知识点进行考核。

4. C【解析】见票即付的汇票、本票的权利时效，是自出票日起 2 年。该题针对“银行汇票”知识点进行考核。

5. D【解析】本题考核票据的保证。保证应由汇票债务人之外的他人承担；选项 A 错误。票据保证是一种书面行为，并须作成于汇票或粘单上，如果另行签订保证合同的，不属于票据保证；选项 B 错误。保证人为出票人、承兑人保证的，应将保证事项记载在票据的正面；保证人为背书人保证的，应将保证事项记载在票据的背面或粘单上；选项 C 错误。该题针对“商业汇票的保证”知识点进行考核。

6. A【解析】本题考核背书不得记载的内容。根据《票据法》规定，背书不得记载的内容之一是部分背书。部分背书是指背书人在背书时，将汇票金额的一部分或者将汇票金额分别转让给两人以上的背书。该题针对“商业汇票的背书”知识点进行考核。

7. C【解析】本题考核商业汇票。商业汇票的付款期限，最长不得超过 6 个月。该题针对“商业汇票的付款”知识点进行考核。

8. D【解析】本题考核商业汇票的出票。银行承兑汇票应由承兑银行开立存款账户的存款人签发。该题针对“商业汇票的承兑”知识点进行考核。

9. D【解析】本题考核商业汇票的记载事项。商业汇票的绝对记载事项包括：(1)表明“商业承兑汇票”和“银行承兑汇票”的字样；(2)无条件支付委托；(3)确定的金额；(4)付款人名称；(5)收款人名称；(6)出票日期；(7)出票人签章。该题针对“商业汇票的出票”知识点进行考核。

10. C【解析】商业汇票的付款期限，最长不超过 6 个月；提示付款期限为自汇票到期日起 10 日内。该题针对“商业汇票的概念和种类”知识点进行考核。

11. A【解析】本题考核支票的办理要求。支票的出票人预留银行签章是银行审核支票付款的依据。该题针对“支票的办理要求”知识点进行考核。

12. A【解析】本题考核支票的提示付款期限。支票的提示付款期限为自出票日起 10 日。该题针对“支票的出票、付款”知识点进行考核。

13. C【解析】票据丧失后可以采取挂失止付、公示催告、普通诉讼三种形式进行补救。该题针对“票据丧失的补救”知识点进行考核。

14. C【解析】票据和结算凭证的金额、出票或签发日期、收款人名称不得更改，更改的票据无效；更改的结算凭证，银行不予受理。对票据和结算凭证上的其他记载事项，原记载人可以更改，更改时应当由原记载人在更改处签章证明。该题针对“票据记载事项”知识点进行考核。

15. C【解析】本题考核票据时效期间的规定。票据权利时效期间和提示付款期间是两个概念，不应混为一谈，故选项 A 不正确；选项 B 和选项 D 分别应为 6 个月。该题针对“票据权利与责任”知识点进行考核。

16. A【解析】本题考核票据当事人的范围。票据基本当事人包括出票人、付款人、收款人。该题针对“票据当事人”知识点进行考核。

17. D【解析】本题考核支付结算的方式。支付结算的方式分为票据、汇兑、委托收款等，其中票据分为支票、银行本票、银行汇票和商业汇票。该题针对“票据当事人”知识点进行考核。

18. B【解析】背书是在票据背面或者粘单上记载有关事项并签章的票据行为。该题针对“票据行为”知识点进行考核。

19. D【解析】本题考核免息还款期待遇。银行记账日至发卡银行规定的到期还款日之间为免息还款期。免息还款期最长为 60 天。该题针对“银行卡的账户与交易”知识点进行考核。

20. B【解析】本题考核支票的概念。支票是由出票人签发、委托办理支票存款业务的银行在见票时无条件支付确定的金额给收款人或者持票人的结算方式。该题针对“支票的概念、适用范围、种类”知识点进行考核。

21. D【解析】本题考核票据的种类。在我国，《票据法》上的票据包括汇票、本票和支票。该题针对“票据的概念、种类、特征、功能”知识点进行考核。

22. C【解析】本题考核违反银行结算账户管理制度的罚则。该题针对“违反银行账户结算管理制度的法律责任”知识点进行考核。

23. D【解析】本题考核个人银行结算账户。储蓄账户仅限于办理现金存取业务，不得办理转账结算。该题针对“个人银行结算账户”知识点进行考核。

24. C【解析】本题考核一般存款账户。存款人因借款和其他结算需要，如为享受不同银行的特色服务或分散在一家银行开立账户可能出现的资金风险，可以在基本存款账户开户银行以外的银行营业机构开立一般存款账户。该题针对“一般存款账户”知识点进行考核。

25. D【解析】选项 A，临时存款账户支取现金，应按照国家现金管理的规定办理。选项 B，基本存款账户可以用于借款，临时存款账户不能用于借款。选项 C，基本存款账户只能开立一个，临时存款账户没有数量限制。选项 D，基本存款账户没有时间限制，而临时存款账户的有效期最长不得超过 2 年。该题针对“临时存款账户”知识点进行考核。

26. A【解析】经营地与注册地不在同一行政区域的存款人，在异地开立基本存款账户的，应出具注册地中国人民银行分支行的未开立基本存款账户的证明。该题针对“异地银行结算账户”知识点进行考核。

27. C【解析】本题考核基本存款账户的相关规定。基本存款账户是存款人的主办账户；存款人可以没有一般存款账户，但一定要有基本存款账户；基本存款账户可以支取现金。该题针对“基本存款账户”知识点进行考核。

28. A【解析】本题考核中国人民银行的管理。中国人民银行是银行结算账户的监督管理部门，负责对银行结算账户的开立、使用、变更和撤销进行监督检查。该题针对“银行结算账户的管理”知识点进行考核。

29. D【解析】本题考核银行结算账户的变更。单位的法定代表人或主要负责人、住址以及其他开户资料发生变更时，应于5个工作日内书面通知开户银行并提供有关证明。开户银行变更属于撤销银行结算账户的情形。该题针对“银行结算账户的开立、变更和撤销”知识点进行考核。

30. A【解析】本题考核银行结算账户的种类。根据规定，有下列情况的，存款人可以申请开立临时存款账户：(1)设立临时机构；(2)异地临时经营活动；(3)注册验资。因此选项B应开立临时存款账户，该选项错误；一般存款账户是存款人因借款或其他结算需要，在基本存款账户开户银行以外的银行营业机构开立的银行结算账户，因此选项C开立的是一般存款账户，该选项错误；基本存款账户是存款人的主办账户，存款人日常经营活动的资金收付及其工资、奖金和现金的支取，应通过该账户办理，因此选项D应开立基本存款账户，该选项错误。只有选项A是开立专用存款账户，该选项正确。该题针对“专用存款账户”知识点进行考核。

31. A【解析】本题考核基本存款账户。单位银行结算账户的存款人只能在银行开立一个基本存款账户。该题针对“银行结算账户的概念、分类、基本原则”知识点进行考核。

32. A【解析】本题考核票据的填写要求。在填写月、日时，月为壹、贰和壹拾的，日为壹至玖和壹拾、贰拾和叁拾的，应在其前加“零”；日为拾壹至拾玖的，应在其前面加“壹”。票据出票日期使用小写填写的，银行不予受理。该题针对“办理支付结算的要求”知识点进行考核。

33. A【解析】委托收款以银行以外的单位为付款人的，委托收款凭证必须记载付款人开户银行名称。该题针对“委托收款”知识点进行考核。

34. C【解析】本题考核支付结算的基本原则。支付结算的基本原则包括：恪守信用，履约付款；谁的钱进谁的账、由谁支配；银行不垫款。该题针对“支付结算的基本原则”知识点进行考核。

35. B【解析】本题考核汇兑。汇兑没有金额起点的限制。该题针对“汇兑”知识点进行考核。

36. D【解析】支付结算主要法律依据包括《票据法》《票据管理实施办法》《支付结算办法》《银行卡业务管理办法》《电子支付指引(第一号)》等，《合同法》不属于支付结算的法律依据。该题针对“支付结算的主要法律依据”知识点进行考核。

37. B【解析】同一持卡人单笔透支额个人卡不得超过 2 万元，单位卡不得超过 5 万元。该题针对“银行卡的账户与交易”知识点进行考核。

38. C【解析】收款人对同一付款人发货托收累计 3 次收不回货款的，收款人开户银行应暂停收款人向该付款人办理托收。该题针对“托收承付”知识点进行考核。

39. C【解析】银行是支付结算和资金清算的中介机构。该题针对“支付结算的概念和特征”知识点进行考核。

40. B【解析】本题考核现金收支的基本要求。开户单位支付现金，可以从本单位现金库存中支付或者从开户银行提取，不得从本单位的现金收入中直接支付。该题针对“现金结算”知识点进行考核。

41. C【解析】(1)选项 C：B2C 属于个人网上银行子系统的具体业务功能之一。(2)选项 D：B2B 属于企业网上银行子系统的具体业务功能之一。该题针对“网上银行的功能”知识点进行考核。

二、多项选择题

1. ABCD【解析】本题考核国内信用证的办理基本程序。该题针对“国内信用证”知识点进行考核。

2. ABCD【解析】付款人在承付期内，对以下情况可以向银行提出全部或者部分拒绝付款：(1)没有签订购销合同或者购销合同未订明托收承付结算方式的款项；(2)未经双方事先达成协议，收款人提前交货或因逾期交货，付款人不再需要该项货物的款项；(3)未按合同规定的到货地址发货的款项；(4)代销、寄销、赊销商品的款项；(5)验单付款，发现所列货物的品种、规格、数量、价格与合同规定不符；或者货物已到，经查验货物与合同规定或与发货清单不符的款项；(6)验货付款，经查验货物与合同规定或与发货清单不符的款项；(7)货款已经支付或计算错误的款项。该题针对“托收承付”知识点进行考核。

3. ABCD【解析】单位和个人凭已承兑的商业汇票、债券、存单等付款人债务证明办理款项的结算，均可以使用委托收款结算方式。商业汇票包括商业承兑汇票和银行承兑汇票。该题针对“委托收款”知识点进行考核。

4. CD【解析】选项 A，转汇银行不得受理汇款人对汇款的退汇也不得办理撤销；选项 B，汇款回单不可以作为该笔汇款已转入收款人账户的证明。该题针对“汇兑”知识点进行考核。

5. ACD【解析】单位卡账户的资金一律从其基本存款账户中转账存入，不得交存现金。不得将其他存款账户和销货收入的款项存入单位卡。该题针对“银行卡的账户与交易”知识点进行考核。

6. ABD【解析】本题考核银行卡的概念。该题针对“银行卡的概念与分类”知识点进行考核。

7. ABCD【解析】本题考核银行本票的退款和丧失的相关规定。该题针对“银行本票”知识点进行考核。

8. ABD【解析】签发银行本票必须记载下列事项：(1)表明“银行本票”的字样；(2)无条件支付的承诺；(3)确定的金额；(4)收款人名称；(5)出票日期；(6)出票人签章。该题针对“银行本票”知识点进行考核。

9. BD【解析】选项A，银行汇票的出票人在票据上的签章，应为经中国人民银行批准使用的该银行汇票专用章加其法定代表人或其授权经办人的签名或者盖章；选项C，未填写实际结算金额或实际结算金额超过出票金额的银行汇票不得背书转让。该题针对“银行汇票”知识点进行考核。

10. ABCD【解析】本题考核银行汇票。该题针对“银行汇票”知识点进行考核。

11. ABCD【解析】本题考查汇票的背书。该题针对“商业汇票的背书”知识点进行考核。

12. BCD【解析】该题针对“商业汇票的承兑”知识点进行考核。

13. CD【解析】本题考核商业汇票的分类。商业汇票按照承兑人的不同分为商业承兑汇票和银行承兑汇票。该题针对“商业汇票的概念和种类”知识点进行考核。

14. BCD【解析】本题考核对空头支票的处罚。存款人签发空头支票，按票面金额对其处以5%但不低于1000元罚款。该题针对“支票的办理要求”知识点进行考核。

15. ABE【解析】选项A，甲公司是出票人；选项B，乙公司是收款人；选项C，为保证人；选项D，是被背书；选项E，是付款人。该题针对“支票的出票、付款”知识点进行考核。

16. ABC【解析】本题考核支票的种类。该题针对“支票的概念、适用范围、种类”知识点进行考核。

17. ABCD【解析】本题考核票据丧失的补救措施。该题针对“票据丧失的补救”知识点进行考核。

18. BC【解析】本题考核票据权利。票据权利是指票据持票人向票据债务人请求支付票据金额的权利，包括付款请求权和追索权。该题针对“票据权利与责任”知识点进行考核。

19. BC【解析】本题考核票据的签章。(1)单位在票据上的签章，应为该单位的财务专用章或者公章加其法定代表人的签名或者盖章。(2)个人在票据上的签章，应为该个人的签名或者盖章。(3)银行汇票的出票人在票据上的签章，应为经中国人民银行批准使用的该银行汇票专用章加其法定代表人或者其授权的代理人的签名或者盖章。(4)商业承兑汇票的承兑人在票据上的签章应为其预留银行的签章。该题针对“票据行为”知识点进行考核。

20. ABD【解析】票据保证记载的事项，有绝对记载事项和相对记载事项。其中绝对记载事项包括保证文句和保证人签章两项；相对记载事项包括被保证人的名称、保证日期和保证人住所。该题针对“票据记载事项”知识点进行考核。

21. ACD【解析】普通支票既可以提现也可以转账；注明“现金”字样的银行汇票和银行本票可以提现。商业汇票只能用于转账，不能提现。该题针对“商业汇票的付款”知识点进行考核。

22. ABD【解析】票据的功能主要有：汇兑功能、支付功能、结算功能、信用功能、融资功能。该题针对“票据的概念、种类、特征、功能”知识点进行考核。

23. ABD【解析】本题考核存款人违反账户管理制度的处罚。该题针对“违反银行账户结算管理制度的法律责任”知识点进行考核。

24. BCD【解析】本题考核存款人对银行结算账户的管理。存款人对银行结算账户的管理包括：应加强对预留银行签章的管理；加强对开户许可证的管理；应妥善保管其密码。该题针对“银行结算账户的管理”知识点进行考核。

25. AC【解析】本题考核异地银行结算账户的使用范围。根据规定，存款人有下列情形之一的，可以在异地开立有关银行结算账户：(1)营业执照注册地与经营地不在同一行政区域(跨省、市、县)需要开立基本存款账户的。(2)办理异地借款和其他结算需要开立一般存款账户的。(3)存款人因附属的非独立核算单位或派出机构发生的收入汇缴或业务支出需要开立专用存款账户的。(4)异地临时经营活动需要开立临时存款账户的。(5)自然人根据需要在异地开立个人银行结算账户的。该题针对“异地银行结算账户”知识点进行考核。

26. ABCD【解析】本题考核个人银行存款账户的开户要求。该题针对“个人银行结算账户”知识点进行考核。

27. AD【解析】选项B，异地建筑施工及安装单位，应出具其营业执照正本或其隶属单位的营业执照正本，以及施工及安装地建设主管部门核发的许可证或建设施工及安装合同；选项C，异地从事临时经营活动的单位，应出具其营业执照正本以及临时经营地工商行政管理部门的批文。该题针对“临时存款账户”知识点进行考核。

28. CD【解析】本题考核专用存款账户中可以支取现金的账户范围。根据规定，财政预算外资金、证券交易结算资金、期货交易保证金和信托基金专用存款账户，不得支取现金。该题针对“专用存款账户”知识点进行考核。

29. ABC【解析】本题考核一般存款账户。存款人开立一般存款账户的，应于开户之日起5个工作日向中国人民银行当地分支行备案。该题针对“一般存款账户”知识点进行考核。

30. ABCD【解析】本题考核基本存款账户的开立范围。凡是具有民事权利能力和民事行为能力，并依法独立享有民事权利和承担民事义务的法人和其他组织，均可开立基本存款账户。另外，有些单位虽然不是法人组织，但具有独立核算资格，有自主办理资金结算的需要，包括非法人企业、外国驻华机构、个体工商户、单位设立的独立核算的附属机构等，也可以开立基本存款账户。该题针对“基本存款账户”知识点进行考核。

31. ABCD【解析】本题考核银行结算账户的撤销。存款人有下列情形之一的，应向开户银行提出撤销银行结算账户的申请：被撤并、解散、宣告破产或关闭的；注销、被吊销营业执照的；因迁址需要变更开户银行的；其他原因需要撤销银行结算账户的。该题针对“银行结算账户的开立、变更和撤销”知识点进行考核。

32. BC【解析】本题考核各种银行结算账户的用途。根据规定，一般存款账户可以用于办理存款人借款转存、借款归还和其他结算的资金收付；专用存款账户用于办理各项专用资金的收付。该题针对“银行结算账户的概念、分类、基本原则”知识点进行考核。

33. BD【解析】本题考核办理支付结算的具体要求。选项A不可以使用简化字，选项C中文大写金额数字前应标明“人民币”字样。该题针对“办理支付结算的要求”知识点进行考核。

34. ABCD【解析】本题考核支付结算的特征。支付结算的特征包括：(1)必须通过中国人民银行批准的金融机构进行；(2)是一种要式行为；(3)其发生取决于委托人的意志；(4)实行统一领导、分级管理；(5)必须依法进行。该题针对“支付结算的概念和特征”知识点进行考核。

35. ACD【解析】本题考核现金使用的限额。选项B，边远地区和交通不便地区的开户单位的库存现金限额，可以多于5天，但不得超过15天。该题针对“现金结算”知识点进行考核。

36. AC【解析】根据规定，第三方平台结算支付模式的资金划拨是在平台内部进行的，此时划拨的是虚拟资金，因此选项A错误；POS机刷卡支付、拉卡拉等自助终端支付等是新兴的线下支付方式，因此选项C错误。该题针对“第三方支付”知识点进行考核。

三、判断题

1. ×【解析】不可转让信用证，是指受益人不能将信用证的权利转让给他人的信用证。该题针对“国内信用证”知识点进行考核。

2. ×【解析】托收承付结算每笔的金额起点为1万元，新华书店系统每笔的金额起点为1000元。该题针对“托收承付”知识点进行考核。

3. √【解析】该题针对“托收承付”知识点进行考核。

4. ×【解析】委托收款在同城、异地均可以使用。该题针对“委托收款”知识点进行考核。

5. ×【解析】汇款人和收款人均为个人，需要在汇入银行支取现金的，应在信、电汇凭证的“汇款金额”大写栏，先填写“现金”字样，后填写汇款金额。该题针对“汇兑”知识点进行考核。

6. √【解析】本题考核银行卡的挂失。该题针对“银行卡的账户与交易”知识点进行考核。

7. √【解析】本题考核单位卡。该题针对“银行卡的概念与分类”知识点进行考核。

8. √【解析】本题考核本票的付款人。该题针对“银行本票”知识点进行考核。

9. √【解析】签发现金银行汇票，申请人和收款人必须均为个人，单位不得签发现金银行汇票。该题针对“银行汇票”知识点进行考核。

10. √【解析】本题考核商业汇票的背书。出票人或背书人在票据上记载“不得转让”等类似文句，以禁止票据权利的转让，称为禁止背书。该题针对“商业汇票的背书”知识点进行考核。

11. √【解析】持票人付款提示后，付款人依法审查无误后必须无条件地在当日按票据金额足额支付给持票人。否则，应承担迟延付款的责任。该题针对“商业汇票的付款”知识点进行考核。

12. ×【解析】本题考核商业汇票的相关规定。在银行承兑汇票中，银行是承兑人，是承担绝对付款义务的人，而办理支付结算原则中所说的“银行不垫款”是针对银行为代理付款人的情况，因此在银行承兑汇票的关系中，银行不能再遵循“银行不垫款”的原则，是应该以绝对付款人的身份付款的。该题针对“商业汇票的承兑”知识点进行考核。

13. √【解析】本题考核商业汇票的出票规定。该题针对“商业汇票的出票”知识点进行考核。

14. ×【解析】商业汇票在同城和异地均可使用。该题针对“商业汇票的概念和种类”知识点进行考核。

15. ×【解析】本题考核支票的付款。支票的持票人应当自出票日起 10 日内提示付款，超过提示付款期限提示付款的，付款人可以不予付款，出票人还应当对持票人承担票据责任。该题针对“支票的出票、付款”知识点进行考核。

16. ×【解析】本题考核划线支票的用途。根据规定，在普通支票左上角划两条平行线的，为划线支票，划线支票只能用于转账，不能用于支取现金。该题针对“支票的概念、适用范围、种类”知识点进行考核。

17. √【解析】本题考核挂失止付的相关规定。现金支票丧失后可以挂失止付，转账支票丧失后不得挂失止付。该题针对“票据丧失的补救”知识点进行考核。

18. ×【解析】票据责任是指票据债务人向持票人支付票据金额的责任。它是基于债务人特定的票据行为而应承担的义务，不具有制裁性质，主要包括付款义务和偿还义务。该题针对“票据权利与责任”知识点进行考核。

19. √【解析】本题考核票据保证的相关规定。该题针对“票据行为”知识点进行考核。

20. ×【解析】本题考核票据的概念。票据是由出票人签发的，约定自己或者委托付款人在见票时或指定的日期向收款人或持票人无条件支付一定金额的有价证券。该题针对“票据的概念、种类、特征、功能”知识点进行考核。

21. ×【解析】存款人的法定代表人或主要负责人、存款人地址以及其他开户资料的变更事项未在规定期限内通知银行的，给予警告并处以 1000 元的罚款。该题针对“违反银行账户结算管理制度的法律责任”知识点进行考核。

22. ×【解析】票据和结算凭证的金额、出票或签发日期、收款人名称不得更改，更改的票据无效；更改的结算凭证，银行不予受理。该题针对“票据当事人”知识点进行考核。

23. ×【解析】存款人的开户许可证遗失或毁损时，存款人应填写“补(换)发开户许可证申请书”，并加盖单位公章，比照有关开立银行结算账户的规定，通过开户银行向中国人民银行当地分支行提出补(换)发开户许可证的申请。该题针对“银行结算账户的管理”知识点进行考核。

24. ×【解析】本题考核异地银行结算账户的使用范围。根据异地银行结算账户的使用范围，在异地临时经营活动，如生产厂家在异地的展销活动等，可以在异地开立临时存款账户。该题针对“异地银行结算账户”知识点进行考核。

25. √【解析】本题考核个人银行结算账户的相关规定。该题针对“个人银行结算账户”知识点进行考核。

26. ×【解析】本题考核临时存款账户使用中应注意的问题。临时存款账户有效期最长不得超过 2 年。该题针对“临时存款账户”知识点进行考核。

27. √【解析】本题考核专用存款账户。该题针对“专用存款账户”知识点进行考核。

28. ×【解析】一般存款账户没有数量限制。该题针对“一般存款账户”知识点进行考核。

29. √【解析】本题考核开立基本存款账户所需要的证明文件。该题针对“基本存款账户”知识点进行考核。

30. √【解析】本题考核开立银行结算账户的一般程序。该题针对“银行结算账户的开立、变更和撤销”知识点进行考核。

31. ×【解析】本题考核银行结算账户管理的基本原则。除国家法律、行政法规另有规定外，银行不得为任何单位或者个人查询账户情况，不得为任何单位或者个人冻结、扣划款项，不得停止单位、个人存款的正常支付。该题针对“银行结算账户的概念、分类、基本原则”知识点进行考核。

32. ×【解析】本题考核填写票据和结算凭证的基本要求。中文大写金额数字前应标明“人民币”字样，大写金额数字应紧接“人民币”字样填写，不能留有空白。该题针对“办理支付结算的要求”知识点进行考核。

33. √【解析】本题考核办理支付结算的原则。银行是办理支付结算业务的中介机构，应按照付款人的委托，将资金支付给付款人指定的收款人，或者按照收款人的委托，将归收款人所有的资金转账收入到收款人的账户上。这是银行应承担的责任。因此，在实际工作中，要将银行资金与存款人资金严格区分开来，二者不能混淆，银行在遇到出票人签发空头支票的情况时，不能垫款支付。该题针对“支付结算的基本原则”知识点进行考核。

34. √【解析】本题考核支付结算的中介机构。该题针对“支付结算的概念和特征”知识点进行考核。

35. ×【解析】本题考核现金使用的限额。按照《现金管理暂行条例》及其实施细则的规定，库存现金限额由开户银行根据各单位的实际情况来核定，如果是离银行较远，交通不便的单位，可以放宽限额，可以多于 5 天(但最长也不得超过 15 天)的日常零星开支。该题针对“现金结算”知识点进行考核。

四、不定项选择题

1. (1)BCD【解析】本题考核票据的背书。我国《票据法》规定：背书时附有条件的，所附条件不具有票据上的效力，不影响背书行为本身的效力，被背书人仍可依该背书取得票据权利。该题针对“商业汇票的背书”知识点进行考核。

(2) D【解析】本题考核基本存款账户与临时存款账户的区别。临时存款账户支取现金，应按照国家现金管理的规定办理，选项 A 错误；向银行借款的主体是自然人、法人组织或者其他非营利组织，不是哪个账户向银行借款。临时存款账户是银行为了一定目的及用途控制的账户(借款人无法控制)，无法实现让渡资金使用权的过程。所以银行贷款都是存放到借款人能够控制的结算账户。基本结算户或一般结算账户里，选项 B 错误；按人民币银行结算账户管理办法规定，一家单位只能选择一家银行申请开立一个基本存款账户，选项

C 错误；临时存款账户有效期最长不得超过 2 两年，选项 D 正确。该题针对“商业汇票的背书”知识点进行考核。

（3）AD【解析】本题考核支票可授权补记的事项。根据规定，支票的金额、收款人名称，可由出票人授权补记，未补记前不得背书转让和提示付款。该题针对“商业汇票的背书”知识点进行考核。

（4）BCD【解析】本题考核支票的内容。支票可以同城使用，也可以异地使用，选项 A 不正确。支票分为三种：现金支票、转账支票和普通支票，其中，现金支票只能用于提取现金，不得转账；转账支票只能用来转账，不能提现；普通支票可以转账或提现。支票没有金额限制，是目前结算交易量最大的结算工具。国内目前不能签发远期支票，支票的有效期为 10 天，银行在见票的当天要将票款支付给收款人。该题针对“商业汇票的背书”知识点进行考核。

（5）ACD【解析】本题考核票据的内容。按照范围分类，票据有广义和狭义之分，狭义的票据仅指我国《票据法》上规定的票据。我国《票据法》规定的票据种类仅包括汇票、本票和支票三种。该题针对“商业汇票的背书”知识点进行考核。

2.（1）AD【解析】本题考核开立基本存款账户所需资料。存款人申请开立基本存款账户，应出具营业执照正本或批文、登记证书等设立证明；从事生产、经营活动的纳税人，还应出具税务部门颁发的税务登记证；独立核算的附属机构，还应出具其主管部门的基本存款开户许可证和批文。该题针对“基本存款账户”知识点进行考核。

（2）ABC【解析】本题考核一般存款账户的使用范围。一般存款账户用于办理存款人借款转存、借款归还和其他结算的资金收付。一般存款账户可以办理现金缴存，但不得办理现金支取。该题针对“基本存款账户”知识点进行考核。

（3）A【解析】本题考核基本存款账户的使用范围。存款人日常经营活动的资金收付及其工资、奖金和现金的支取，应通过基本存款账户办理。该题针对“基本存款账户”知识点进行考核。

（4）B【解析】本题考核异地存款账户的使用范围。办理异地借款和其他结算需要开立一般存款账户的可以在开立异地一般存款账户。该题针对“基本存款账户”知识点进行考核。

（5）C【解析】本题考核专用存款账户的使用范围。存款人对其特定用途资金进行专项管理和使用而开立的银行结算账户为专用存款账户。该题针对“基本存款账户”知识点进行考核。

3.（1）B【解析】本题考核现金使用的限额。边远地区和交通不便地区的开户单位的库存现金限额，可按多于 5 天、但不得超过 15 天的日常零星开支的需要确定。因此，该单位的库存现金应为不超过 2000×15＝30000（元）。该题针对“现金结算”知识点进行考核。

（2）BCD【解析】本题考核现金管理。出差人员必须随身携带的差旅费结算起点定为 1000 元，并没有上限，A 错误。该题针对“现金结算”知识点进行考核。

（3）BD【解析】本题考核现金管理。该题针对“现金结算”知识点进行考核。

（4）BCD【解析】本题考核现金使用范围。开户单位可以在下列范围内使用现金：①职工工资、津贴；②个人劳务报酬；③根据国家规定颁发给个人的科学技术、文化技术、体育等各项奖金；④各种劳保福利以及国家规定的对个人的其他支出；⑤向个人收购农副产品和其他物资的价款；⑥出差人员必须随身携带的差旅费；⑦结算起点 1000 元以下的零星支出；⑧中国人民银行确定需要支付现金的其他支出。除⑤、⑥项外，开户银行支付给个人的款项超过结算起点 1000 元的部分，应以转账方式支付。该题针对“现金结算”知识点进行考核。

（5）ABC【解析】本题考核现金管理。2013 年 6 月初，库存现金为 40000 元，超过了库存现金限额 30000 元；2013 年 6 月末，库存现金为 117000 元，超过了库存现金限额 30000 元；2013 年 6 月 30 日，送存银行的现金不应少于 117000－30000＝87000（元）。该题针对“现金结算”知识点进行考核。

第三章　税收法律制度

一、考点与真题解析

第一节　税收概述

考点总结

概念	税收是国家为了满足社会共同需要，凭借政治的权力，按照国家法律规定的标准，强制地、无偿地取得财政收入的一种分配形式		
作用	(1)税收是国家组织财政收入的主要形式和工具		
	(2)税收是国家调控经济运行的重要手段		
	(3)税收具有维护国家政权的作用		
	(4)税收是国际经济交往中维护国家利益的可靠保证		
特征	强制性、无偿性和固定性		
分类	按征税对象的性质不同分	流转税类	如：增值税、消费税、关税、附加税(城建税与教育费附加)等
		所得税类	如：企业所得税、个人所得税等
		财产税类	如：房产税、契税、车船使用税、遗产税等
		资源税类	如：资源税、土地增值税和城镇土地使用税等
		行为税类	如：车辆购置税、城市维护建设税、屠宰税等
	按征收管理的分工体系不同分	工商税类	如：增值税、消费税、资源税、企业所得税、个人所得税、城市维护建设税、房产税、车船税、土地增值税、城镇土地使用税、印花税、车辆购置税等
		关税类	如：进出口关税、入境旅客行李物品和个人邮寄物品征收的进口税等

续表

分类	按税收征收权限和收入支配权限分	中央税	如：消费税（含进口环节由海关代征的部分）、关税、海关代征的进口环节增值税等
		地方税	如：城镇土地使用税、耕地占用税、土地增值税、房产税、车船使用税、契税等
		中央地方共享税	如：增值税、资源税、企业所得税、城市维护建设税等
	按照计税标准不同分	从价税	如：增值税、企业所得税、个人所得税等税种
		从量税	如：车船使用税、城镇土地使用税、消费税中的啤酒和黄酒等
		复合税	如：消费税中对卷烟、白酒等征收的消费税

例题解析

【真题 1】国家征税的目的是为了满足(　　)。

A. 企业需要　　B. 社会公共需要　　C. 私人需要　　D. 国家需要

【答案】B。

【解析】税收是国家为了满足社会共同需要，凭借政治的权力，按照国家法律规定的标准，强制地、无偿地取得财政收入的一种分配形式。

【真题 2】税收按征税对象不同分类，可分为(　　)。

A. 流转税类　　B. 所得税类　　C. 财产税类　　D. 复合税类

【答案】ABC。

【解析】税收按征税对象不同，可分为流转税类、所得税类、财产税类、资源税类和行为税类。

【真题 3】按征收权限和收入支配权限，税收可分为从价税、从量税和复合税。(　　)

【答案】×。

【解析】税收按征收权限和收入支配权限不同，可分为中央税、地方税和中央地方共享税。

第二节　税　　法

考点总结

概念	税法是国家权力机关和行政机关制定的用以调整国家与纳税人之间在税收征纳方面的权利与义务关系的法律规范的总称	
分类	按税法的职能作用不同分	税收实体法
		税收程序法

续表

分类	按主权国家行使税收管辖权的不同分	国内税法
		国际税法
		外国税法
	按税法法律级次分	税收法律
		税收行政法规
		税收规章和税收规范性文件
构成要素	征税人	征税人是指代表国家行使税收征管职权的各级税务机关和其他征收机关。包括各级税务机关、财政机关和海关
	纳税义务人	纳税义务人也称纳税人、纳税主体，主要指的是一切履行纳税义务的法人、自然人及其他组织
	征税对象	征税对象又称课税对象或纳税对象，就是对什么征税，是税收法律关系中权利义务共同所指的对象
	税目	税目是各个税种所规定的具体征税项目，简单来说，就是纳税对象的具体化
	税率	税率是应纳税额与征税对象之间的数量关系或比例关系，它是计算税额的尺度。我国现行的税率有： (1)比例税率：是指对同一征税对象，不分数额大小、数量多少，均按相同比例征收的税率。如增值税、所得税 (2)定额税率：是按照征税对象的计量单位规定固定税额，所以又称为固定税额，它适用于从量计征的税种。如资源税、车船税等 (3)累进税率：是按征税对象数额的大小，划分为几个等级，不同等级的课税数额分别适用于不同税率，数额越大税率越高；数额越小税率越低。我国现行税法体系采用的累进税率形式有：超额累进税率、超率累进税率两种
	计税依据	计税依据是计算应纳税额的依据或标准： (1)从价计征：是以计税金额为计税依据 (2)从量计征：是以征税对象的重量、体积、数量为依据 (3)复合计征
构成要素	纳税环节	纳税环节是指税法规定的征税对象从生产到消费的流转过程中应当缴纳税款的环节。如流转税在生产和流通环节纳税，所得税在分配环节纳税等
	纳税期限	税期限指纳税人在发生纳税义务后，应依法缴纳税款的期限
	纳税地点	税地点是指纳税人依据税法规定向征税机关申报纳税的具体地点
	减免税	免税是指国家对某些纳税人和征税对象给予鼓励和照顾的一种特殊规定。主要包括：(1)减税和免税；(2)起征点；(3)免征额
	法律责任	法律责任是指对违反国家税法规定的行为人采取的处罚措施。包括违法行为和因违法而应承担的法律责任两部分内容

例题解析

【真题 1】我国税法构成要素中，(　　)是税法中具体规定应当征税的项目，是征税的具体根据，它规定了征税对象的具体范围。

A. 税率　　B. 税目　　C. 纳税人　　D. 征税对象

【答案】B。

【解析】税目是各个税种所规定的具体征税项目，简单来说，就是纳税对象的具体化，它规定了征税对象的范围。

【真题 2】下列税法构成要素中，衡量纳税义务人税收负担轻重与否的重要标志是(　　)。

A. 计税依据　　B. 征税对象　　C. 税率　　D. 减税免税

【答案】C。

【解析】税率是计算税额的尺度，是衡量税负轻重与否的重要标志。

【真题 3】免征额是征税对象总额中免予征税的数额，对其超过免征额的部分也不征税。(　　)

【答案】×。

【解析】免征额是征税对象总额中免予征税的数额，即将纳税对象中的一部分给予减免，只就减免后的剩余部分计征税款。

第三节　税收征收管理

考点总结

税务登记	(1)开业登记；(2)变更登记；(3)停业．复业登记；(4)注销登记；(5)外出经营报验登记；(6)纳税人税种登记；(7)扣缴义务人扣缴纳税登记	
发票开具与管理	发票种类	(1)增值税专用发票；(2)普通发票；(3)专业发票
	发票的开具要求	1. 单位和个人应在发生经营业务、确认营业收入时，才能开具发票 2. 单位和个人开具发票时应按号码顺序填开，填写项目齐全、内容真实、字迹清楚、全部联次一次性复写或打印，内容完全一致，并在发票联和抵扣联加盖单位财务印章或者发票专用章政 3. 填写发票应当使用中文。民族自治地区可以同时使用当地通用的一种民族文字 4. 使用电子计算机开具发票必须报主管税务机关批准，并使用税务机关统一监制的机打发票 5. 开具发票时限、地点应符合规定 6. 任何单位和个人不得转借、转让、代开发票；不得拆本使用发票；不得自行扩大专业发票适用范围

续表

纳税申报		直接申报、邮寄申报、数据电文、简易申报、其他申报方式
税款征收		税款征收方法： 查账征收、查定征收、查验征收、核定征收、委托代征税款、定期定额征收、代扣代缴、代收代缴
税务代理		税务代理特点： 中介性、法定性、自愿性、公正性
		税务代理范围： 1. 税务登记 2. 办理发票领购； 3. 办理纳税申报和扣缴税款报告； 4. 办理缴纳税款和申请退税； 5. 制作涉税文书； 6. 审查纳税情况； 7. 建账建制，办理账务； 8. 开展税务咨询．受聘税务顾问； 9. 申请税务行政复议或税务行政诉讼等
税务检查	税收保全措施	1. 书面通知纳税人开户银行或者其他金融机构冻结纳税人的金额相当于应纳税款的存款； 2. 扣押、查封纳税人的价值相当于应纳税款的商品、货物或者其他财产
	税收强制执行	1. 书面通知其开户银行或者其他金融机构从其存款中扣缴税款； 2. 扣押、查封、依法拍卖或者变卖其价值相当于应纳税款的商品、货物或者其他财产，以拍卖或者变卖所得抵缴税款
税收法律责任	税收行政责任	1. 责令限期改正； 2. 罚款； 3. 没收财产； 4. 收缴未使用发票和暂停供应发票； 5. 停止出口退税权
	税收刑事责任	刑罚分为主刑和附加刑 主刑：管制、拘役、有期徒刑、无期徒刑和死刑； 附加刑：罚金、剥夺政治权利、没收财产
税务行政复议		税务行政复议是指当事人(纳税人、扣缴义务人、纳税担保人及其他税务当事人)对税务机关及其工作人员作出的税务具体行政行为不服，依法向上一级税务机关(复议机关)提出申请，复议机关对具体行政行为的合法性、合理性作出裁决

例题解析

【真题 1】已开具发票的存根联和发票登记簿的保存期限是(　　)年。

A. 5　　B. 3　　C. 2　　D. 10

【答案】A。

【解析】已开具发票的存根联和发票登记簿应当保存 5 年。但发票的保存期限与发票存根联和发票登记簿的保存期限是不同的。

【真题 2】因纳税人、扣缴义务人计算错误等失误，未缴或少缴的税款，税务机关在 3 年内可以追征税款、滞纳金。有特殊情况的，追征期可以延长到(　　)年。

A. 4　　B. 5　　C. 6　　D. 10

【答案】B。

【解析】根据《税收征收管理法》的规定，因税务机关的责任，致使纳税人、扣缴义务人未缴或者少缴税款的，税务机关在 3 年内可以要求纳税人、扣缴义务人补缴税款，但是不得加收滞纳金。因纳税人、扣缴义务人计算错误等失误，未缴或者少缴税款的，税务机关在 3 年内可以追征税款、滞纳金；有特殊情况的。追征期可以延长到 5 年。对偷税、抗税、骗税的，税务机关追征其未缴或者少缴的税款、滞纳金或者所骗取的税款，不受前款规定期限的限制。

【真题 3】根据税收征收管理法律制度的规定，下列各项中，属于税务机关采取的税收强制执行措施的有(　　)。

A. 书面通知纳税人开户银行暂停支付纳税人存款

B. 书面通知纳税人开户银行从其存款中扣缴税款

C. 拍卖所扣押的纳税人价值相当于应纳税款的财产，以拍卖所得抵缴税款

D. 扣押纳税人价值相当于应纳税款的财产

【答案】BC。

【解析】本题考核税收保全措施与强制执行措施。选项 AD 属于税收保全措施。

【真题 4】分税制是分级财政体制，不是税收管理的一种形式。(　　)

【答案】×。

【解析】分税制是分级财政体制，也是税收管理的一种形式。

二、本章同步训练

一、单项选择题

1. 下列各项中，属于中央税的是(　　)。

A. 契税　　B. 消费税　　C. 增值税　　D. 土地增值税

2. 按征收对象不同进行税种划分，以下属于我国税收中财产税的税种是(　　)。

A. 关税　　B. 车船税　　C. 资源税　　D. 车辆购置税

3. 下列税种中，(　　)不属于行为税。

A. 耕地占用税　　B. 车船税　　C. 城市维护建设税　　D. 车辆购置税

4. 税目体现了征税的(　　)。

A. 深度　　B. 灰度　　C. 广度　　D. 亮度

5. 税法按其职能作用不同，可分为(　　)。

A. 税收基本法和税法普通法　　B. 国内税法和国际税法

C. 中央税法和地方税法　　D. 税收实体法和税收程序法

6. 下列各税种中，采用超额累进税率的是(　　)。

A. 个人所得税　　B. 城镇土地使用税　　C. 车辆购置税　　D. 土地增值税

7. 对同一课税对象，无论其数额大小，都按照相同比例征税的税率是(　　)。

A. 比例税率　　B. 累进税率　　C. 定额税率　　D. 幅度税率

8. 按课税对象的单位直接规定固定征税数额的税率是(　　)。

A. 比例税率　　B. 累进税率　　C. 定额税率　　D. 幅度税率

9. 我国对工资薪金个人所得税的计算中，按税法规定，自 2019 年 1 月 1 日起可以按扣除 5000 元后的金额计算应纳税额，该 5000 元指的是(　　)。

A. 起征点　　B. 免征额　　C. 税率式减免　　D. 税额式减免

10. 以下情况符合发票的开具要求的情况是(　　)。

A. 对预期可能发生的业务开具发票　　B. 全部使用英文填写发票

C. 拆本使用发票　　D. 按号码顺序填开

11. 增值税专用发票的印制权属于是(　　)。

A. 税务所　　B. 省级国税局　　C. 省级地税局　　D. 国家税务总局

12. 专门用于结算销售货物和提供加工、修理修配劳务、销售服务、转让无形资产和销售不动产使用的发票是(　　)。

A. 增值税专用发票　　B. 普通发票　　C. 专业发票　　D. 行业发票

13. 国有公路、水上运输企业的客票、货票等属于(　　)。

A. 增值税专用发票　　B. 行业发票　　C. 专用发票　　D. 专业发票

14. 下列发票中，(　　)属于专业发票。

A. 广告费用结算发票　　B. 工业企业产品销售统一发票

C. 商品房销售发票　　D. 运输企业的客票、货票

15. 单位和个人开具发票的时间是(　　)。

A. 发生经营业务、确认营业收入时　　B. 收到货款时

C. 产品发出时　　D. 合同签订时

16. 已开具发票的存根联和发票登记簿应当保存(　　)。

A. 1 年　　B. 5 年　　C. 10 年　　D. 15 年

17. 税务登记的主要内容，主要是通过纳税人填写(　　)来体现。

A. 财务报表　　B. 完税凭证　　C. 纳税申报表　　D. 税务登记表

18. 从事生产、经营的纳税人外出经营，自其在同一县(市)实际经营或提供劳务之日起，在连续的 12 个月内累计超过(　　)的，应当依法申报办理税务登记。

A. 90 日　　B. 180 日　　C. 360 日　　D. 30 日

19. 纳税人停业期满不能及时恢复生产、经营的，应当在(　　)向税务机关提出延长停业登记。

A. 停业期满前　　B. 停业期满后

C. 停业期满前 10 日　　D. 停业期满后 5 日

20. 纳税人经营内容发生变化时，应当依法向原税务登记机关申报办理(　　)。

A. 开业登记　　B. 注销后办理开业登记

C. 注销税务登记　　D. 变更税务登记

21. 纳税人已在工商行政管理机关办理变更登记的，应当自工商行政管理机关变更登记之日起(　　)，申报办理变更税务登记。

A. 30 日内　　B. 15 日内　　C. 45 日内　　D. 60 日内

22. 根据规定，邮寄申报以下列(　　)日期为实际申报日期。

A. 到达的邮戳日期　　B. 寄出的邮戳日期

C. 税务机关实际收到的日期　　D. 填制纳税申报表的日期

23. 下列各项申报，(　　)不属于纳税申报方式。

A. 直接申报　　B. 邮寄申报　　C. 数据电文申报　　D. 口头申报

24. 受托单位按照税务机关核发的代征证书的要求，以税务机关的名义向纳税人征收零散税款的税款征收方式是(　　)。

A. 定期定额征收　　B. 委托代征　　C. 代扣代缴　　D. 代收代缴

25. 某单位为负有扣缴税款的法定义务人，在支付职工工资时，按个人所得税法规定，对超过法定扣除额的工资部分，应(　　)个人所得税。

A. 代收代缴　　B. 代扣代缴　　C. 委托代征　　D. 自报核缴

26. 由纳税人依据账簿记载，先自行计算缴纳，事后经税务机关查账核实，如有不符合税法规定的，则多退少补的税款征收方式的是(　　)。

A. 查定征收　　B. 查账征收　　C. 查验征收　　D. 定期定额征收

27. 我国税务机关根据纳税人的生产经营状况对小型无账证的个体工商户可以采取(　　)。

A. 查定征收方式　　B. 查验征收方式　　C. 委托代征方式　　D. 定期定额征收方式

28. 适用于产品零星、税源分散、会计账册不健全，但是能够控制原材料或进销货的纳税人的税款征收方式是(　　)。

A. 查账征收　　B. 查定征收　　C. 查验征收　　D. 定期定额征收

29. 一般情况下，上市公司适用的税款征收方式是(　　)。

A. 查验征收　　B. 查账征收　　C. 查定征收　　D. 定期定额征收

30. 税务机关对纳税申报人的应税产品进行查验后征税，并贴上完税凭证、查验证或盖查验戳，并据以征税的税款征收方式是(　　)。

A. 查账征收　　B. 查定征收　　C. 查验征收　　D. 定期定额征收

31. 对临时从事经营的纳税人，(　　)。

A. 由工商行政管理机构征收应缴的税费

B. 税务机关应责令其办理工商注册登记

C. 由税务机关核定其应纳税额，责令缴纳

D. 税务机关在其办理工商登记后进行税款的征收

32. 消费税的征收方式是(　　)。

A. 代收代缴　　B. 代扣代缴　　C. 委托代征　　D. 自报核缴

33. 根据规定，纳税人、扣缴义务人委托税务代理人办理的业务不包括(　　)。

A. 扣押纳税人财产　　B. 税务行政复议　　C. 缴纳税款　　D. 纳税申报

34. 根据《税收征收管理法》的规定，税务机关有权对纳税人采取税收保全措施的情形是(　　)。

A. 纳税人账目混乱难以查账的

B. 纳税人未按规定期限办理纳税申报，经税务机关限期申报，逾期仍不申报的

C. 纳税人有明显转移、隐匿其应纳税收入迹象的

D. 纳税人有明显转移、隐匿其应纳税收入迹象且拒绝提供纳税担保的

35. 李某对某市国税局的处罚决定不服的可以向(　　)提出复议申请。

A. 市政府　　B. 上级国家税务局　　C. 市法院　　D. 市监察部门

36. 下列各项中，不属于税收征收管理活动的是(　　)。

A. 税务管理　　B. 税款征收　　C. 税务检查　　D. 工商登记

37. 在行政诉讼中，如果当事人认为受诉人民法院无管辖权，应当(　　)提出管辖权异议。

A. 在人民法院立案之日起5日内以口头或书面形式

B. 在接到人民法院起诉状副本之日起5日内以书面形式

C. 在人民法院首次开庭前10日内以口头或书面形式

D. 在接到起诉状副本之日起15日内以书面形式

38. 涉及税务领域的具体行政处罚种类不包括(　　)。

A. 停止出口退税权　　B. 监禁　　C. 罚款　　D. 没收非法财产

39. 税务代理人是指具有进行税务代理的相关知识、经验和能力，具有税务代理资格，经(　　)及省、自治区、直辖市国税局批准，从事税务代理的专门人员及其工作机构。

A. 财政部　　B. 国资委　　C. 国税总局　　D. 全国人大

40. 在我国，有权制定税收法律的部门是(　　)。

A. 全国人民代表大会及其常务委员会　　B. 国务院

C. 财政部　　D. 国家税务总局

二、多项选择题

1. 下列属于税收的作用的有(　　)。

A. 是国际经济交往中维护国家利益的可靠保证

B. 国家调控经济运行的重要手段

C. 税收是国家组织财政收入的主要形式

D. 具有维护国家政权的作用

2. 下列各项中，属于税收的特征的有(　　)。

A. 强制性　　B. 无偿性　　C. 自愿性　　D. 固定性

3. 下列关于税收与税法的关系表述正确的有(　　)。

A. 税法是税收的法律依据和法律保障

B. 税收属于经济基础范畴，而税法属于上层建筑范畴

C. 税收活动必须严格依照税法的规定进行

D. 国家和社会对税收收入与税收活动的客观需要，决定了与税收相对应的税法的存在

4. 以下要素属于构成税法的最基本的三个要素的是(　　)。

A. 纳税义务人　　B. 征税对象　　C. 税目　　D. 税率

5. 根据计税标准不同，可以把税收划分为(　　)。

A. 从价税　　B. 从量税　　C. 直接税　　D. 间接税

6. 下列税种中，属于地方税的有(　　)。

A. 增值税　　B. 房产税　　C. 车船税　　D. 土地增值税

7. 实行比例税率的税种有(　　)。

A. 个人所得税　　B. 增值税　　C. 车船税　　D. 企业所得税

8. 现行的累进税率是根据征税对象数额的大小不同，规定不同等级的税率，它可分为(　　)。

A. 全额累进税率　　B. 超额累进税率　　C. 全率累进税率　　D. 超率累进税率

9. 根据税收征收管理法律制度的有关规定，下列各项中，属于股份有限公司在申报办理开业税务登记时，应出示的证件和资料有(　　)。

A. 银行账号证明　　B. 合同、章程和协议书

C. 营业执照　　D. 公司出资证明书

10. 下列关于设立税务登记的说法中，正确的有(　　)。

A. 从事生产、经营的纳税人未办理工商营业执照但经有关部门批准设立的，应当自有关部门批准设立之日起 30 日内申报办理税务登记，税务机关核发税务登记证及副本

B. 从事生产、经营的纳税人未办理工商营业执照也未经有关部门批准设立的，应当自纳税义务发生之日起 30 日内申报办理税务登记，税务机关核发临时税务登记证及副本

C. 境外企业在中国境内承包建筑、安装、装配、勘探工程和提供劳务的，应当自项目合同或协议签订之日起 30 日内，向项目所在地税务机关申报办理税务登记，税务机关核发临时税务登记证及副本

D. 已办理税务登记的扣缴义务人应当自扣缴义务发生之日起 30 日内，向税务登记地税务机关申报办理扣缴税款登记，税务机关核发扣缴税款登记证件

11. 按税收法律制度的规定，可不办理税务登记的有(　　)。

A. 负有扣缴税款义务的扣缴义务人

B. 从事生产、经营的事业单位

C. 国家机关

D. 无固定生产、经营场所的流动性农村小商贩

12. 根据税收征收管理法律制度的规定，纳税人发生的下列情形中，应办理税务注销登记的有(　　)。

A. 纳税人破产　　B. 纳税人变更法定代表人

C. 纳税人被吊销营业执照　　D. 纳税人暂停经营活动

13. 纳税人在办理注销税务登记之前，应当履行的义务包括(　　)。

A. 向税务机关结清应纳税款　　B. 缴销发票

C. 向税务机关缴纳应缴纳的罚款　　D. 缴销税务登记证件

14. 企业向主管税务机关办理税务登记时需要提供的资料是(　　)。

A. 工商营业执照　　B. 法定代表人的身份证

C. 企业章程　　D. 企业财务报表

15. 税务登记的种类包括(　　)。

A. 开业登记　　B. 外出经营报验登记

C. 复业登记　　D. 变更登记

16. 纳税人发生(　　)等情形时，应办理注销税务登记手续。

A. 解散　　B. 破产　　C. 撤销　　D. 改变经营方式

17. 发票的种类包括(　　)。

A. 增值税专用发票　　B. 普通发票　　C. 专业发票　　D. 通用发票

18. 关于发票的开具与管理，下列做法不正确的有(　　)。

A. 甲公司代其子公司开具了一张价值 200 万元的增值税发票

B. 乙公司将其未用完的增值税发票转让给丙公司

C. 丙公司将闲置的发票本出借给丁公司并收取一定的费用

D. 丁公司将已开具的发票存根联和发票登记簿保存 6 年，经税务机关检查批准后予以销毁

19. 下列各项中，属于税务代理的法定业务的有(　　)。

A. 受聘税务顾问　　B. 办理发票领购手续

C. 制作涉税文书　　D. 扣缴税款报告

20. 我国《税收征收管理法》规定，纳税人的(　　)行为属于偷税行为。

A. 擅自销毁账簿、记账凭证，不缴应纳税款的

B. 在账簿上多列支出，少缴应纳税款的

C. 进行虚假的纳税申报，少缴应纳税款的

D. 以暴力、威胁方法拒不缴纳应纳税款的

三、判断题

1. 税收是国家为了实现国家职能，凭借政治权利，按照法律规定的标准，无偿取得财政收入的一种特定分配方式。(　　)

2. 税收是上层建筑，税法是经济基础，税收以税法为基础和依据，税法保障税收活动的有序进行。(　　)

3. 我国现行的房产税、城市房地产税属于财产税类。(　　)

4. 区分不同税种的主要标志是计税依据(　　)。

5. 根据税法规定，起征点是指对征税对象总额中免予征税的数额。即将纳税对象中的一部分给予减免，只就减除后的剩余部分计征税款。(　　)

6. 免征额是指税法规定的计税依据应当征税的数额起点。计税依据数额达不到起点的不征税，达到起点的，则对超过起征点的部分征税。(　　)

7. 基本税率，又称标准税率，我国增值税的基本税率为1%。(　　)

8. 超率累进税率是指以征税对象数额的相对率划分若干级距，分别规定相应的差别税率。我国的土地增值税就是采用这种税率。(　　)

9. 减免税不属于税法构成要素的是(　　)。

10. 减税和免税、起征点都是国家对某些纳税人和征税对象给予鼓励和照顾的一种特殊规定。(　　)

11. 任何机关、单位和个人不得违反法律、法规的规定，擅自做出税收开征、停征以及减税、免税、退税、补税和其他与税收法律、法规相抵触的决定。(　　)

12. 根据《税收征管法》的规定，凡有法律、法规规定的应税收入、应税财产或者应税行为的各类纳税人，均应当按照法律规定办理税务登记。(　　)

13. 非法印制发票，根据《税收征收管理法》规定，情节严重的，构成犯罪的，应当追究刑事责任。(　　)

14. 开具发票时，不必按照号码顺序填开。(　　)

15. 开具发票应当分别填写每一联次，以保证字迹清楚，内容完全一致。(　　)

16. 财政部门统一负责全国发票的管理工作。(　　)

17. 纳税人的注册资本发生改变的，应当办理变更登记。(　　)

18. 纳税人停业期满不能及时恢复生产经营的，应当在停业期满后向税务机关提出延长停业登记申请。(　　)

19. 纳税人享受减税、免税待遇的，在减税、免税期间应当按照规定办理纳税申报。(　　)

20. 简易申报方式节省了时间，降低了纳税成本，是纳税申报的一种变通的方法。(　　)

21. 纳税人采取邮寄方式办理纳税申报的，实际申报日期为税务部门收到邮件的日期。(　　)

22. 纳税人、扣缴义务人在规定期限内办理纳税申报确有困难的或因不可抗力事件不能

按期办理纳税申报的，可以采取书面形式申请延期申报纳税。(　　)

23. 委托代征是指按照税法规定，负有扣缴税款的法定义务人，在向纳税人支付款项时，从所支付的款项中直接扣收税款的方式。其目的是对零星分散、不易控制的税源实行源泉控制。(　　)

24. 代扣代缴是指负有代收代缴义务的法定义务人，对纳税人应纳的税款进行代收代缴的方式。(　　)

25. 定期定额征收这种税款征收方式适用于生产经营规模小，又确无建账能力，经主管税务机关审核批准可以不设置账簿或暂缓建账的小型纳税人。(　　)

26. 代收代缴适用于税收网络覆盖不到或很难控制的领域，如受托加工应缴消费税的消费品。(　　)

27. 查定征收是指对账务不全，但能控制其材料、产量或进销货物的纳税单位或个人，由税务机关依据正常条件下的生产能力对其生产的应税产品查定产量、销售额并据以征收税款的征收方式。(　　)

28. 税收的无偿性特征是区别于其他财政收入形式的最本质特征，体现了财政分配的本质，是税收"三性"的核心。(　　)

29. 税务登记是税收征收管理的核心环节，是征纳双方法律关系成立的依据和证明。(　　)

30. 责令限期改正、罚款、没收财产等都属于税务违法行政处罚。(　　)

四、案例分析

某地税务局在2015年6月进行了以下的税务活动：

(1) 6月1日实施检查中，发现某商店(个体)2015年5月20日领取营业执照后，未申请办理税务登记。据此，该税务所于2015年6月3日作出责令该商店必须在2015年6月20日前办理税务登记，逾期不办理的，将按《税收征管法》有关规定处以罚款的决定。

(2) 6月12日接到群众举报，辖区内为民服装厂(系个体)开业近两个月尚未办理税务登记。经查，该服装厂2015年4月24日办理工商营业执照，4月26日正式投产，没有办理税务登记。根据检查情况，税务局于6月16日作出责令为民服装厂于6月23日前办理税务登记并处以500元罚款的决定。

(3) 某企业财务人员2012年7月采取虚假的纳税申报手段少缴营业税5万元。2015年6月，税务人员在检查中发现了这一问题，要求追征这笔税款。该企业财务人员认为时间已过3年，超过了税务机关的追征期，不应再缴纳这笔税款。

(4) 某服装厂逾期未缴纳税款，该局征管科送达了《催缴税款通知书》进行催缴，服装厂依然未按期缴纳税款，于是经该征管科科长批准，扣押了服装厂价值相当于应纳税款的服装。

根据材料，选择下列符合题意的选项：

(1) 根据事项(1)，从事生产、经营的纳税人，应当自领取营业执照之日起(　　)日内，向生产、经营地或者纳税义务发生地的主管税务机关申报办理税务登记。

A. 15　　　　　　B. 30　　　　　　C. 60　　　　　　D. 90

(2) 根据事项(2)，针对税务局的处理决定，下列表述正确的有(　　)。

A. 处理决定有效

B. 处理决定无效

C. 未按照规定期限申报办理税务登记，由税务机关责令限期改正，可以处2000元以下的罚款

D. 未按照规定期限申报办理税务登记，由税务机关责令限期改正，可以处1000元以下的罚款

(3) 根据事项(3)，下列表述正确的有(　　)。

A. 税务机关可以追征这笔税款

B. 税务机关不可以追征这笔税款

C. 对偷税、抗税、骗税的，税务机关可以无限期追征其未缴或者少缴的税款、滞纳金或者所骗取的税款

D. 对偷税、抗税、骗税的，税务机关应在3年内追征其未缴或者少缴的税款、滞纳金或者所骗取的税款

(4) 如果是因税务机关的责任，致使纳税人、扣缴义务人未缴或者少缴税款的，税务机关在(　　)年内可以要求纳税人、扣缴义务人补缴税款，但是不得加收滞纳金。

A. 1　　　　　　B. 3　　　　　　C. 5　　　　　　D. 无限期

(5) 根据事项(4)，税务机关采取强制执行措施时必须经(　　)批准。

A. 县以上税务局(分局)局长　　　　B. 市以上税务局局长

C. 省以上税务局局长　　　　　　　D. 县级人民政府

三、答案与解析

一、单项选择题

1. B【解析】本题考核中央税包括的税种。中央税包括关税、消费税、海关代征的进口环节增值税、车辆购置税。

2. B【解析】我国税收中财产税的税种包括房产税、车船税、船舶吨税等。选项A，关税属于流转税；选项C，资源税属于资源税；选项D，车辆购置税属于行为税。

3. B

4. C

5. D【解析】税法按其职能作用不同，可分为税收实体法和税收程序法。

6. A【解析】个人所得税中的居民个人的综合所得、个体对企事业单位的承包经营、承租经营及生产经营所得采用超额累进税率。

7. A

8. C【解析】本题考核定额税率的概念。

9. B【解析】本题考核减免税的相关规定。免征额是指对课税对象总额中免予征税的数额。即对纳税对象中的一部分给予减免，只就减除后的剩余部分计征税款。个人所得税计算中按规定扣除的3500元属于免征额，而不是起征点。

10. D【解析】本题考核发票的开具要求。

11. D【解析】本题考核增值税专用发票的印制规定。

12. A【解析】本题考核增值税专用发票的适用范围。

13. D【解析】本题考核专业发票的有关规定。专业发票是指国有金融、保险企业的存贷、汇兑、转账凭证、保险凭证；国有邮政电信企业的邮票邮单、话务电报收据；国有铁路航空企业和交通部门、国有公路、水上运输企业的货票、客票等。

14. D【解析】选项ABC属于普通发票。

15. A

16. B

17. D【解析】本题考核税务登记时程序。

18. B【解析】本题考核外出经营的税务登记。根据规定，从事生产、经营的纳税人外出经营，自其在同一县(市)实际经营或提供劳务之日起，在连续的12个月内累计超过180天的，应当自期满之日起30日内，向生产、经营所在地税务机关申报办理税务登记，税务机关核发临时税务登记证及副本。

19. A【解析】本题考核纳税人办理停业登记的有关规定。纳税人停业期满不能及时恢复生产、经营的，应当在停业期满前向税务机关提出延长停业登记。

20. D【解析】本题考核变更税务登记情形。

21. A【解析】本题考核变更税务登记的规定。纳税人已在工商行政管理机关办理变更登记的，应当自工商行政管理机关变更登记之日起30日内，申报办理变更税务登记。

22. B【解析】本题考核邮寄申报的实际申报日期。根据规定，邮寄申报以寄出的邮戳日期为实际申报日期。

23. D【解析】本题考核纳税申报方式。

24. B【解析】本题考核委托代征的概念。

25. B【解析】本题考核代扣代缴征收方式和代收代缴方式的区别(注意资金的流向)。

26. B【解析】本题考核查账征收方式适用情形。

27. D

28. B【解析】本题考核查定征收的适用范围。

29. B【解析】上市公司财务制度比较健全。

30. C【解析】本题考核查验征收方式的概念。

31. C【解析】本题考核核定应纳税额的情形。

32. A【解析】本题考核委托加工应税消费品时消费税的征收方式。

33. A【解析】本题考核税务代理的法定业务范围。根据该规定，纳税人、扣缴义务人可以将下列涉税业务委托税务代理人办理：（1）税务登记、变更税务登记和注销税务登记；(2)普通发票领购手续；(3)纳税申报和扣缴税款报告；(4)缴纳税款和申请退税；(5)制作涉税文书；(6)审查纳税情况；(7)建账建制，办理账务；(8)税务行政复议；(9)税务咨询，受聘税务顾问；(10)国家税务总局规定的其他业务。

34. D【解析】本题考核适用税收保全的情形。选项 AB 的情形，税务机关有权核定其应纳税额；如果纳税人在税务机关规定的期限内有明显转移、隐匿其应纳税收入迹象的，税务机关可以责成纳税人提供纳税担保。但纳税人拒绝提供纳税担保或无力提供纳税担保的，经县以上税务局(分局)局长批准，税务机关才可以采取税收保全措施，因此选项 C 是错误的。

35. B【解析】此题考核行政复议申请。

36. D【解析】此题考核税务管理包括的内容。税务管理包括税务登记、发票管理、纳税申报、税款征收和税务检查等。

37. D【解析】当事人提出管辖权异议的时间必须在提交答辩状期间，即在被告接到起诉状副本之日起 15 日内提出，逾期人民法院不予审查。

38. B【解析】税务违法行政处罚包括罚款，没收非法财产，收缴未用发票和暂停供应发票，停止出口退税权。

39. C【解析】税务代理人是指具有进行税务代理的相关知识、经验和能力，具有税务代理资格，经国家税务总局及省、自治区、直辖市国家税务局批准，从事税务代理的专门人员及其工作机构。

40. A【解析】此题考核税收法律制度制定的部门。

二、多项选择题

1. ABCD【解析】本题考核税收的作用。税收具有组织财政收入、调节经济、维护国家政权和国家利益等方面的重要作用。

2. ABD【解析】本题考核税收的特征。税收的特征是强制性、无偿性和固定性。

3. ABCD【解析】本题考核税收与税法的关系。

4. ABD【解析】本题考核税法的构成要素。纳税义务人、征税对象、税率是构成税法的三个最基本要素。

5. AB【解析】本题考核税收分类。根据计税标准不同，税收可分为从价税、从量税和复合税。

6. BCD【解析】本题考核地方税的种类。根据规定，增值税属于中央和地方共享税；房产税、车船税和土地增值税均属于地方税。

7. BD【解析】个人所得税采用累进税率和比例税率，车船税采用定额税率。

8. BD【解析】本题考核累进税率。累进税率分为全额累进税率、超额累进税率和超率累进税率三种，而现行的累进税率包括超额累进税率和超率累进税率。

9. BCD【解析】本题考核申报办理税务登记时，应向税务机关提供的资料。纳税人在办理税务登记时，应当根据不同的情况向税务机关如实提供以下证件和资料：(1)工商营业执照或其他核准执业证件；(2)有关合同、章程、协议书；(3)组织机构统一代码证书；(4)法定代表人或负责人或业主的居民身份证、护照或者其他合法证件。

10. ABC【解析】本题考核设立税务登记的相关规定。根据规定，已办理税务登记的扣缴义务人应当自扣缴义务发生之日起30日内，向税务登记地税务机关申报办理扣缴税款登记，税务机关不再核发扣缴税款登记证件。因此选项D的说法错误。

11. CD【解析】按照税法的规定，国家机关、只缴纳个人所得税和车船税的个人、无固定经营场所、游动性的小商贩可不办税务登记。

12. AC【解析】本题考核注销税务登记的情形。企业不存在或终止生产经营的应办理注销登记。B办理变更税务登记，而D是暂停经营活动。

13. ABCD【解析】本题考核纳税人在办理注销税务登记之前的义务。本题四个选项均符合要求。

14. ABC【解析】此题考核办理税务登记需要提供的资料，D选项不属于。

15. ABCD【解析】此题考核办理税务登记种类。税务登记的种类包括：开业登记，变更登记，停业、复业登记，注销登记，外出经营报验登记，纳税人税种登记，扣缴税款登记等。

16. ABC【解析】本题考核注销税务登记的情形。D办理变更税务登记。

17. ABC【解析】发票的种类包括：增值税专用发票、普通发票、专业发票。

18. ABC【解析】本题考核发票的开具要求。

19. ABCD【解析】本题考核税务代理的法定业务范围。

20. ABC【解析】此题考核偷税的内容。选项D以暴力、威胁方法拒不缴纳应纳税款的，属于抗税。

三、判断题

1. ×【解析】本题是考核税收的概念。税收是国家为了满足社会公共的需要。

2. ×【解析】本题是考核税收与税法的关系。税收属于经济基础，而税法属于上层建筑。

3. √【解析】我国现行税制中的房产税、车船税和城市房地产税等都属于财产税。

4. ×【解析】区分不同税种的主要标志是征税对象。

5. ×【解析】本题考核起征点与免征额的区别。起征点指税法规定的计税依据应当征税的数额起点。计税依据数额达不到起征点的不征税，达到起征点的按照计税依据全额征税。

6. ×

7. ×【解析】本题考核增值税的税率形式。我国增值税的基本税率为13%。

8. √

9. ×【解析】本题考核税法的构成要素。税法的构成要素包括征税人、纳税义务人、征税对象、税目、税率、计税依据、纳税期限、纳税地点、纳税环节、减免税及法律责任。

10. √【解析】减免税是国家对某些纳税人和征税对象给予鼓励和照顾的一种特殊规定。

11. √

12. √【解析】本题考核税务登记的范围。凡有法律、法规规定的应税收入、应税财产或者应税行为的各类纳税人，均应当按照《征管法》及其实施细则和国家税务总局印发的《税务登记管理办法》规定办理税务登记。

13. √【解析】根据《税收征收管理法》规定，非法印制发票，情节严重的，构成犯罪的，应当追究刑事责任。

14. ×【解析】开具发票时应按号码顺序填开，填写项目齐全、内容真实、字迹清楚、全部联次一次性复写或打印，内容完全一致，并在发票联和抵扣联加盖单位财务印章或者发票专用章。

15. ×【解析】本题考核发票开具的要求。发票应按号码顺序填开，填写项目齐全、内容真实、字迹清楚、全部联次一次性复写或打印，内容全部一致，并在发票联和抵扣联加盖单位财务印章或发票专用章。

16. ×【解析】本题考核发票的管理。国家税务总局负责全国发票的管理工作。

17. √【解析】本题考核税务登记的变更登记。

18. √【解析】本题考核税务登记的相关规定。根据规定，纳税人停业期满不能及时恢复生产经营的，应当在停业期满前向税务机关提出延长停业登记申请。

19. √

20. √【解析】本题考核纳税人申报税款的方式。

21. ×【解析】本题考核纳税申报的方式中的邮寄申报。采用邮寄申报纳税的，实际申报日期以寄出地邮戳日期为实际申报日期。

22. √

23. ×【解析】本题考核委托代征的概念。根据《中华人民共和国税收征收管理法》的规定，代扣代缴是指按照税法规定，负有扣缴税款的法定义务人，在向纳税人支付款项时，从所支付的款项中直接扣收税款的方式。其目的是对零星分散、不易控制的税源实行源泉控制。

24. ×【解析】本题考核代扣代缴的概念。代收代缴是指负有代收代缴义务的法定义务人，对纳税人应纳的税款进行代收代缴的方式，而代扣代缴是指按照税法规定，负有扣缴税款的法定义务人，在向纳税人支付款项时，从所支付的款项中直接扣收税款的方式。

25. √

26. √

27. √【解析】本题考核查定征收方式的概念。

28. √

29. ×【解析】税款登记是税收管理的首要环节，而税款征收是税收征收管理的核心。

30. √【解析】税务违法行政处罚包括责令限期改正，罚款，没收财产，收缴未用发票和暂停供应发票，停止出口退税权。

四、案例分析

(1) B【解析】从事生产、经营的纳税人，应当自领取营业执照之日起30日内，向生产、经营地或者纳税义务发生地的主管税务机关申报办理税务登记。

(2) AC【解析】根据规定，未按照规定期限申报办理税务登记、变更或者注销税务登记的，由税务机关责令限期改正，可以处2000元以下的罚款；情节严重的，处2000元以上1万元以下的罚款。

(3) AC【解析】根据规定，对偷税、抗税、骗税的，税务机关可以无限期追征其未缴或者少缴的税款、滞纳金或者所骗取的税款。本题中，该企业少缴税款并非是计算失误，而是违反税法，采取虚假纳税申报，其行为在性质上已构成偷税。因此，税务机关可以无限期追征。

(4) B【解析】因税务机关的责任，致使纳税人、扣缴义务人未缴或者少缴税款的，税务机关在三年内可以要求纳税人、扣缴义务人补缴税款，但是不得加收滞纳金。

(5) A【解析】根据规定，税务机关采取强制执行措施时必须经县以上税务局(分局)局长批准。本题中，该征管科没有经县国税局局长批准，而是经征管科科长批准就决定对服装厂采取强制执行措施，不符合法定程序。

第四章　主要税种

一、考点与真题解析

第一节　增值税

考点总结

概念	增值税是以商品(含应税行为)在流转过程中产生的增值额作为计税依据而征收的一种流转税	
分类	生产型增值税 收入型增值税 消费型增值税	
征收范围	(1)销售或者进口的货物。货物是指有形动产，包括电力、热力、气体在内。销售货物即是有偿转让货物的所有权 (2)提供的加工、修理修配劳务。是指有偿提供加工、修理修配劳务，但单位或个体经营者聘用的员工为本单位或雇主提供加工、修理修配劳务，不包括在内 (3)销售服务、无形资产或者不动产。是指有偿提供服务、有偿转让无形资产或者不动产，属于非经营活动的情形除外	
纳税人	增值税纳税人是指税法规定负有缴纳增值税义务的单位和个人 从事货物生产或者提供应税劳务的纳税人，以及以从事货物生产或者提供应税劳务为主，并兼营货物批发或者零售的纳税人，年应税销售标准为50万元；营业税改征增值税试点纳税人年应税销售额标准为500万元；其他纳税人，年应税销售额标准为80万元	
扣缴义务人	中华人民共和国境外(以下简称境外)的单位或者个人在境内发生应税行为，在境内未设有经营机构的，以购买方为增值税扣缴义务人	
税率和征收率	一般纳税人	税率为13%，低税率为9%、6%，出口货物．服务税率为0
	小规模纳税人	征收率为3%
应纳税额的计算	一般纳税人	应纳税额=当期销售额×适用税率-当期进项税额
	小规模纳税人	应纳税额=销售额×征收率

续表

征收管理	纳税义务、扣缴义务的发生时间	(1)一般为收讫销售款项或者取得索取销售款项凭据的当天 (2)先开具发票的，为开具发票的当天 (3)进口货物的为报关进口的当天
	纳税期限	1日、3日、5日、10日、15日、1个月或1个季度
	纳税地点	(1)固定业户：机构所在地 (2)非固定业户：销售地或劳务发生地 (3)进口：海关

例题解析

【真题1】某百货公司向一企业销售空调100台，每台空调含税销售价为5850元，增值税税率为17%，则某百货公司本次的销售额和销项税额分别是(　　)。

A. 585000　85000　B. 500000　85000　C. 500000　99450　D. 585000　99450

【答案】B。

【解析】不含税销售额=(100×5850)÷(1+17%)=500000(元)

销项税额=500000×17%=85000(元)

【真题2】某快递公司2016年10月取得的销售收入为100000元，则该快递公司当月应纳增值税税额为(　　)元。

A. 17000　B. 3000　C. 6000　D. 11000

【答案】C。

【解析】快递行业是物流辅助服务，按低税率6%计算：1000000×6%=6000(元)

第二节　消费税

考点总结

概念	消费税是对在我国境内从事生产、委托加工和进口应税消费品的单位和个人征收的一种流转税，是对特定的消费品和消费行为在特定的环节征收的一种流转税
征税范围	(1)生产应税消费品 (2)委托加工应税消费品 (3)进口应税消费品 (4)批发、零售应税消费品
纳税人	(1)生产、销售(包括自用)应税消费品的单位和个人 (2)委托加工应税消费品的单位和个人 (3)进口应税消费品的单位和个人

续表

税目	消费税的税目共有15个：烟、酒及酒精、化妆品、贵重首饰及珠宝玉石、鞭炮、焰火、成品油、电池、涂料、摩托车、小汽车、高尔夫球及球具、高档手表、游艇、木制一次性筷子、实木地板。	
税率	消费税的税率包括比例税率和定额税率两类	
应纳税额的计算	(1)从价定率征收 应纳税额=应税消费品的销售额×比例税率	
	(2)从量定额征收 应纳税额=应税消费品的销售数量×单位税额	
	(3)从价定率和从量定额复合征收 应纳税额=应税消费品的销售额×比例税率+应税消费品的销售数量×单位税额	
征收管理	纳税义务．扣缴义务的发生时间	(1)一般为收讫销售款项或者取得索取销售款项凭据的当天 ①赊销和分期收款的，为书面合同约定的收款日期的当天，书面合同没有约定收款日期或者无书面合同的，为发出应税消费品的当天 ②预收货款的，为发出应税消费品的当天 ③托收承付和委托收款的，为发出应税消费品并办妥托收手续的当天 (2)自产自用应税消费品的，为移送使用的当天 (3)委托加工应税消费品的，为纳税人提货的当天 (4)进口应税消费品的，为报关进口的当天
	纳税期限	1日、3日、5日、10日、15日、1个月或1个季度
	纳税地点	(1)纳税人销售以及自产自用的应税消费品：机构所在地或居住地的 (2)委托加工的应税消费品：受托方为个人的，为受托方机构所在地或居住地 (3)进口：海关

例题解析

【真题1】关于消费税，说法错误的有(　　)。

A. 消费税的税率包括比例税率和定额税率两类

B. 消费税中销售额的确定不包括其他价外费用

C. 消费税中销售额的确定不包含增值税

D. 我国目前只对卷烟和白酒采用从价从量复合征收方法

【答案】B。

【解析】消费税中销售额是纳税人销售应税消费品向购买方收取的全部价款和价外费用，无论价外费用是否属于纳税人的收入，均应并入销售额计算征税。

第三节　企业所得税

考点总结

概念	企业所得税是对我国企业和其他组织的生产经营所得和其他所得征收的一种税
征税对象	居民企业，是指依法在中国境内成立，或者依照外国(地区)法律成立但实际管理机构在中国境内的企业 非居民企业，是指依照外国(地区〉法律成立且实际管理机构不在中国境内，但在中国境内设立机构、场所的，或者在中国境内未设立机构、场所，但有来源于中国境内所得的企业
税率	一般企业所得税的税率为25%，小型微利企业税率为20%，高新技术企业税率为15%。
应纳税所得额	直接计算法：应纳税所得额=收入总额-不征税收入额-免税收入额-各项扣除额-准予弥补的以前年度亏损额 间接计算法：应纳税所得额=利润总额+纳税调整项目金额
征收管理	纳税地点：登记注册地或机构所在地
	纳税期限：按年计征，分月或分季预缴
	纳税申报：月、季预缴应于月、季后的15日内申报，年度汇算清缴应于年后的5个月内申报

第四节　个人所得税

考点总结

概念	个人所得税是以个人(即自然人)取得的各项应税所得为征税对象所征收的一种税
纳税义务人	居民纳税人，应当负无限纳税义务，即其从中国境内和境外取得的所得，均应按照税法规定在中国缴纳个人所得税 非居民纳税人，只负有限纳税义务，即只就从中国境内取得的所得，按照税法规定缴纳个人所得税
征税范围和税率	1. 工资、薪金所得：免征额为5000元，超过部分按3%~45%的7级超额累进税率计算 2. 个体工商户的生产、经营所得：适用5%~35%的5级超额累进税率 3. 企事业单位的承包经营、承租经营所得：免征额为3500，超过部分实行超额累进税率 4. 稿酬所得：适用20%的比例税率，并按应纳税额减征30%，实际税率为14% 5. 劳务报酬所得：适用20%的比例税率 6. 特许权使用费所得：适用20%的比例税率 7. 利息、股息、红利所得：适用20%的比例税率 8. 财产租赁所得：适用20%的比例税率 9. 财产转让所得：适用20%的比例税率 10. 偶然所得：适用20%的比例税率 11. 经国务院财政部门确定征税的其他所得：适用20%的比例税率
征收管理	1. 自行申报 2. 代扣代缴

例题解析

【**真题 1**】某化妆品公司为增值税一般纳税人，2019 年 12 月，该公司发生以下经济业务。

(1) 月初，购入原材料一批，增值税发票上税额为 20 万，另还支付运费 10 万元，运输发票已收。

(2) 月中，销售化妆品一批，取得销售收入 226 万元(含增值税)。

(3) 2019 年全年实现销售收入 3000 万元，营业外收入 10 万元，销售成本、税金、三费共计 2000 万元，2018 年度亏损 100 万元。

要求：(1)计算该公司 12 月的增值税销项税额和可抵扣的进项税额。

(2) 计算该公司 12 月应纳增值税税额。

(3) 计算该公司 12 月应纳消费税税额。

(4) 计算该公司 2019 年应纳所得税。

【**答案和解析**】

(1) 12 月增值税销项税额=226÷(1+13%)×13%=26(万元)

12 月可抵扣的增值税进项税额=20+10×7%=20. 7(万元)

(2) 12 月应纳增值税税额=26-20. 7=5. 3(万元)

(3) 12 月应纳消费税税额=226÷(1+13%)×30%=60(万元)

(4) 2019 年应纳所得税=(3000+10-2000-100)×25%=227. 5(万元)

二、本章同步训练

一、单项选择题

1. 我国现行的增值税属于(　　)。

A. 消费型增值　　B. 收入型增值税　　C. 生产型增值税　　D. 积累型增值税

2. 下列各项中，属于消费型增值税特征的是(　　)。

A. 允许一次性全部扣除外购固定资产所含的增值税

B. 允许扣除外购固定资产计入产品价值的折旧部分所含的增值税

C. 不允许扣除任何外购固定资产的价款

D. 上述说法都不正确

3. A 公司为增值税一般纳税人，其销售钢材一批，含增值税的价格为 2260 元，适用的增值税税率为 13%。则其增值税销项税额为(　　)元。

A. 340　　B. 120　　C. 260　　D. 200

4. 某书店是增值税一般纳税人，2019 年 4 月销售图书取得含税销售额 6.54 万元。根据增值税法律制度的规定，该书店此项业务的增值税销项税额为(　　)万元。

A. 0.54　　B. 0.64　　C. 0.94　　D. 1.10

5. A 公司为增值税一般纳税人，其本月进口产品 200000 元，海关征收 34000 元增值税；向农业生产者购入免税产品 30000 元；购入原材料 300000 元，增值税专用发票上注明的增值税额为 51000 元。本月销售产品 1000000 元，适用的增值税税率为 13%，则该企业本月应缴纳的增值税税额为(　　)元。

A. 42300　　B. 89180　　C. 81135　　D. 115100

6. 根据我国《增值税暂行条例》的规定，某零售商店 2019 年的销售额为 60 万元(含增值税)，则应纳增值税为(　　)万元。

A. 1.08　　B. 1.8　　C. 1.75　　D. 10.2

7. 增值税的纳税期限不包括(　　)。

A. 1 日　　B. 7 日　　C. 1 个月　　D. 1 个季度

8. 纳税人进口货物，应当自海关填发海关进口增值税专用缴款书之日起(　　)内缴纳税款。

A. 3 日　　B. 7 日　　C. 10 日　　D. 15 日

9. 下列业务中，适用一般纳税人增值税零税率的是(　　)。

A. 提供交通运输业服务　　B. 销售图书

C. 向境外单位提供研发服务　　D. 提供修理修配劳务

10. 增值税一般纳税人购进或销售货物以及在生产经营过程中所支付的运输费用，根据运费结算单据(普通发票)所列运费金额(含建设基金)依一定比例计算进项税额准予扣除，该扣除率是(　　)。

A. 7%　　B. 10%　　C. 13%　　D. 17%

11. 增值税纳税人发生视同应税服务的，其纳税义务发生时间为(　　)。

A. 应税服务完成的当天　　B. 应税服务开始的当天

C. 收到款项的当天　　D. 应税服务完成后 15 天内

12. 某增值税一般纳税人企业采购原材料支付运杂费共计 1000 元，取得运输发票上注明运输费 800 元、建设基金 80 元、保险费 20 元、装卸费 100 元。可抵扣的进项税额为(　　)元。

A. 61.6　　B. 70　　C. 77　　D. 88

13. 下列不属于消费税税目的是(　　)。

A. 小汽车　　B. 摩托车　　C. 游艇　　D. 飞机

14. 某厂商甲委托某加工商乙加工一批应税消费品，在这项应税行为中消费税的纳税人应是(　　)。

A. 厂商甲　　B. 加工商乙

C. 厂商甲和加工商乙　　D. 最后的消费者

15. 某啤酒厂本月生产了15000吨生啤，当月销售了10000吨，取得含税销售收入113万元。则啤酒厂计算其应纳消费税的计税依据为(　　)。

A. 100万元　　B. 113万元　　C. 10000吨　　D. 15000吨

16. 用外购已税烟丝100万的一半加工制造成某甲级卷烟400箱销售，售价110万。假设烟丝的消费税率为30%，甲级卷烟的消费税率分别为45%和每箱150元，则该企业的应纳消费税额应该等于(　　)。

A. 49.5万　　B. 34.5万　　C. 45.5万　　D. 40.5万

17. 如果受托方未能履行代扣代缴委托加工应税消费品的消费税的义务，其未扣缴的消费税应(　　)。

A. 由受托方补缴　　B. 由委托方补缴

C. 由受托方和委托方共同补缴　　D. 由委托方补缴并向受托方收回

18. 以下应税消费品中，适用定额税率的有(　　)。

A. 粮食白酒　　B. 薯类白酒　　C. 黄酒　　D. 其他酒

19. 下列消费品中，应在零售环节征收消费税是(　　)。

A. 珠宝玉石　　B. 金银首饰　　C. 小汽车　　D. 摩托车

20. 纳税人自产的应税消费品用于下列项目的，不应征收消费税的有(　　)。

A. 连续生产应税消费品　　B. 用于样品

C. 用于赠送　　D. 用于集体福利

21. 自产自用应税消费品的消费税，其纳税环节为(　　)。

A. 消费环节　　B. 生产环节　　C. 移送使用环节　　D. 加工环节

22. 根据《消费税暂行条例》的规定，下列表述错误的是(　　)。

A. 纳税人生产的应税消费品，于生产时纳税

B. 纳税人自产的应税消费品，用于连续生产应税消费品的，不纳税

C. 纳税人自产自用的应税消费品，除用于连续生产应税消费品外，凡用于其他方面的，于移送使用时纳税

D. 进口的应税消费品，于报关进口时纳税

23. 根据消费税的规定，纳税人采取分期收款方式销售应税消费品的，其纳税义务发生时间为(　　)。

A. 书面合同约定的收款日期当天　　B. 收到第一笔销售款的当天

C. 应税消费品发出的当天　　D. 取得索取销售款凭据的当天

24. 下列各项中，属于企业所得税纳税义务人的是(　　)。

A. 非居民企业　　B. 合伙企业　　C. 个人独资企业　　D. 个体工商户

25. 下列各项中，准予在企业所得税前扣除的有(　　)。

A. 增值税　　B. 税收滞纳金

C. 非广告性赞助支出　　D. 销售成本

26. 根据《企业所得税法》的规定，企业所得税的征收办法是(　　)。

A. 按月征收
B. 按季计征，分月预缴
C. 按季征收
D. 按年计征，分月或分季预缴

27. 企业按月或按季预缴企业所得税的，应当自月份或者季度终了之日起(　　)日内，向税务机关报送预缴企业所得税纳税申报表，预缴税款。

A. 5　　B. 7　　C. 10　　D. 15

28. 下列收入是企业所得税不征税收入的是(　　)。

A. 转让财产收入
B. 财政拨款收入
C. 国债利息收入
D. 符合条件的居民企业之间的股息收入

29. 下列各项中，属于免税收入的是(　　)。

A. 国债利息收入
B. 依法纳入财政的行政事业性收费
C. 财政拨款
D. 接受捐赠收入

30. 企业所得税法规定，纳税人发生年度亏损的，可以用以后年度的所得弥补，但延续弥补期最长不得超过(　　)年。

A. 1　　B. 3　　C. 5　　D. 10

31. 某企业2017亏损10万元，2018年盈利20万元，2019年盈利30万元，该企业适用的企业所得税税率为25%，则该企业2019年应纳所得税税额为(　　)万元。

A. 7.5　　B. 10　　C. 5　　D. 12.5

32. 根据企业所得税法律制度的规定，下列企业中，适用25%的企业所得税税率的是(　　)。

A. 符合条件的小型微利企业
B. 在中国境内设立机构、场所，且所得与机构、场所有关联的非居民企业
C. 在中国境内设立机构、场所，但所得与机构、场所没有实际联系的非居民企业
D. 在中国境内未设立机构、场所的非居民企业

33. 非居民企业在中国境内未设立机构、场所的，以(　　)为企业所得税纳税地点。

A. 收入发生地
B. 业务发生地
C. 扣缴义务人所在地
D. 机构、场所所在地

34. 王某购买福利彩票支出500元，取得中奖收入15000元，其应纳个人所得税为(　　)元。

A. 2900　　B. 750　　C. 3000　　D. 725

35. 某画家2009年8月将其精选的书画作品交由某出版社出版，从出版社取得报酬10万元。该笔报酬在缴纳个人所得税时适用的税目是(　　)。

A. 工资薪金所得
B. 劳务报酬所得
C. 稿酬所得
D. 特许权使用费所得

36. 下列项目中，属于劳务报酬所得的是(　　)。

A. 发表论文取得的报酬
B. 提供著作的版权而取得的报酬

C. 员工宫某为老总的哥哥代理报税取得报酬

D. 退休人员再任职取得的收入

37. 我国工资、薪金所得，适用的个人所得税税率为(　　)。

A. 5%~20%　　B. 5%~30%　　C. 5%~45%　　D. 5%~50%

38. 稿酬所得，适用的个人所得税税率为(　　)，并按应纳税额减征(　　)。

A. 10%，30%　　B. 20%，20%　　C. 20%，30%　　D. 30%，30%

39. 某大学于教授受某企业邀请，为该企业中层干部进行管理培训讲座，从企业取得报酬5000元。该笔报酬在缴纳个人所得税时适用的税目是(　　)。

A. 工资薪金所得　　B. 劳务报酬所得　　C. 稿酬所得　　D. 偶然所得

40. 下列各项中，属于个人所得税的居民纳税人的是(　　)。

A. 在中国境内无住所，居住也不满183天的个人

B. 在中国境内无住所且不居住的个人

C. 在中国境内无住所，而在境内居住超过183天的个人

D. 在中国境内有住所的个人

二、多项选择题

1. 下列关于增值税的说法中，正确的有(　　)。

A. 增值税分为生产型增值税、收入型增值税、消费型增值税

B. 纳税人提供加工、修理修配劳务，增值税税率为13%

C. 增值税的纳税人按其经营范围大小，分为一般纳税人和特殊纳税人

D. 增值税是以商品(含应税劳务)在生产过程中产生的增值额作为计税依据而征收的一种流转税

2. 划分增值税一般纳税人和小规模纳税人的标准有(　　)。

A. 经营规模的大小(销售额)　　B. 经营效益的好坏

C. 会计核算水平　　D. 上级主管部门的要求

3. 根据《增值税暂行条例》的有关规定，增值税的纳税期限可以是(　　)。

A. 5日　　B. 15日　　C. 1个季度　　D. 半年

4. 根据增值税有关规定，下列产品中，适用9%的低税率的有(　　)。

A. 盐　　B. 自来水　　C. 饲料　　D. 煤炭

5. 下列各项中，应计入增值税的应税销售额的有(　　)。

A. 向购买者收取的包装物租金　　B. 因销售货物向购买者收取的代收款项

C. 因销售货物向购买者收取的手续费　　D. 向购买者收取的销项税额

6. 根据增值税法律制度的规定，增值税一般纳税人的下列行为中，应视同销售货物，征收增值税的有(　　)。

A. 将自产货物用于集体福利　　B. 将外购货物用于个人消费

C. 将自产货物无偿赠送他人　　D. 将外购货物分配给股东

7. 下列各项属于增值税纳税范畴的有(　　)。

A. 邮政特殊服务　　B. 航空运输服务

C. 研发和技术服务　　D. 转让土地使用权

8. 增值税适用的税率有(　　)。

A. 13%　　B. 3%　　C. 9%　　D. 6%

9. 消费税具有(　　)特点。

A. 课征环节的单一性　　B. 税负的转嫁

C. 征税范围的选择性　　D. 减免税的多样性

10. 有消费税适用的税率形式有(　　)。

A. 比例税率　　B. 定额税率　　C. 累进税率　　D. 浮动税率

11. 在消费税中采取从量征税的应税消费品包括(　　)。

A. 啤酒　　B. 酒精　　C. 成品油　　D. 天然气

12. 下列消费品属于消费税的征收对象的是(　　)。

A. 金、银首饰　　B. 雪茄烟　　C. 电动汽车　　D. 实木复合地板

13. 确定消费税的应税销售额时，可以不计入销售额的项目是(　　)。

A. 消费税　　B. 增值税

C. 酒厂销售葡萄酒收取的酒瓶押金　　D. 符合条件的代垫运费

14. 纳税人自产的应税消费品用于(　　)时，应缴纳消费税。

A. 职工福利　　B. 对外投资　　C. 在建工程　　D. 生产应税消费品

15. 在下面的各种情形中需要缴纳消费税的有(　　)。

A. 生产应税消费品但未销售　　B. 进口应税消费品但未销售

C. 零售环节销售金、银首饰　　D. 零售环节销售护肤护发品

16. 纳税人将委托加工收回的应税消费品继续使用时，以下各种使用情况中不需再缴纳消费税的有(　　)。

A. 用于直接销售　　B. 继续加工成应税消费品并销售

C. 用于对外投资或无偿赠送他人　　D. 继续加工成非应税消费品并销售

17. 下列货物征收消费税的有(　　)。

A. 啤酒　　B. 汽车轮胎　　C. 保健食品　　D. 金银首饰

18. 根据消费税法律制度的规定，下列业务应征收消费税的有(　　)。

A. 甲卷烟厂将自产卷烟用于馈赠

B. 乙日化厂将委托加工收回的化妆品直接出售

C. 丙汽车销售公司进口了一批高档轿车

D. 丁首饰加工厂生产了一批金银首饰销售给金店

19. 甲委托乙加工化妆品，则下列说法正确的是(　　)。

A. 甲是增值税的纳税义务人　　B. 甲是消费税的纳税义务人

C. 乙是增值税的纳税义务人　　D. 乙是消费税的纳税义务人

20. 根据消费税法律制度的规定，下列应税消费品中，实行从价定率与从量定额相结合的复合计税方法的有(　　)。

A. 烟丝　　B. 卷烟　　C. 白酒　　D. 药酒

21. 根据企业所得税法律制度的规定，下列各项中，属于免税收入的是(　　)。

A. 国债利息收入

B. 财政拨款

C. 符合规定条件的居民企业之间的股息、红利等权益性投资收益

D. 接受捐赠的收入

22. 企业所得税的征税对象包括(　　)。

A. 个人承包所得　　B. 其他所得　　C. 生产经营所得　　D. 清算所得

23. 在计算企业所得税应纳税额时扣除的不征税收入，主要包括(　　)。

A. 财政拨款　　B. 行政事业性收费　　C. 政府性基金　　D. 接受捐赠收入

24. 在计算企业所得税时准予扣除的税金主要有(　　)。

A. 增值税　　B. 消费税　　C. 企业所得税　　D. 印花税

25. 在计算应纳税所得额时，下列支出中不可以扣除的是(　　)。

A. 支付的红利　　B. 赞助支出

C. 支付的股息　　D. 公益性捐赠支出

26. 下列项目中，不得从应纳税所得额中扣除的有(　　)。

A. 企业支付的违约金

B. 企业支付的诉讼费

C. 企业内营业机构之间支付的租金

D. 非银行企业内营业机构之间支付的利息

27. 以下税率符合现行《企业所得税法》规定的有(　　)。

A. 20%　　B. 25%　　C. 15%　　D. 33%

28. 下列关于居民企业缴纳企业所得税纳税地点的表述中，说法正确的有(　　)。

A. 企业一般在实际经营管理地纳税

B. 企业一般在登记注册地纳税

C. 登记注册地在境外的，以登记注册地纳税

D. 登记注册地在境外的，以实际管理机构所在地为纳税地点

29. 根据《个人所得税法》规定，计算应纳税所得额时，下列应税项目(　　)可以扣除固定费用。

A. 劳务报酬所得 5000 元　　B. 月工资薪金 6000 元

C. 偶然所得 2000 元　　D. 财产转让所得 20000 元

30. 据《个人所得税法》的规定，下列所得中，适用比例税率的有(　　)。

A. 财产租赁所得　　B. 特许权使用费所得

C. 工资、薪金所得　　　　　　　　　　D. 承包经营所得

31. 个人所得税纳税义务人，应当按照规定到主管税务机关办理纳税申报的情形有(　　)。

A. 年所得 12 万元以上

B. 从中国境内两处或者两处以上取得工资、薪金所得

C. 从中国境外取得所得

D. 取得应纳税所得，没有扣缴义务人

32. 下列情况中，属于居民纳税人的有(　　)。

A. 中国境内有住所的个人

B. 在中国境内无住所又不居住的个人

C. 无住所而在境内居住不满 183 天的个人

D. 在中国境内无住所而居住满 183 天的个人

33. 根据个人所得税的规定，以下各项所得适用累进税率形式的有(　　)。

A. 工资薪金所得　　　　　　　　　　B. 个体工商户生产经营所得

C. 财产转让所得　　　　　　　　　　D. 承包承租经营所得

34. 下列单位属于个人所得税的纳税人的是(　　)。

A. 有限责任公司　　　　　　　　　　B. 个人独资企业

C. 个体工商户　　　　　　　　　　　D. 合伙企业

35. 根据个人所得税法的规定，居民个人的综合所得包括(　　)。

A. 工资薪金所得　　　　　　　　　　B. 稿酬所得

C. 特许权使用费所得　　　　　　　　D. 劳务报酬所得

三、判断题

1. 增值税一般纳税人销售或者进口货物，提供加工、修理修配劳务一律采用税率 13%。(　　)

2. 增值税一般纳税人兼有不同税率的应税行为，应当分别核算适用不同税率的销售额，未分别核算销售额的，由主管税务机关核定。(　　)

3. 增值税纳税人以 1 日、3 日、5 日、10 日、15 日或 1 个月为 1 个纳税期限的，自期满之日起 5 日内申报纳税。(　　)

4. 某增值税一般纳税人销售从农业生产者处购进的自产谷物，其缴纳增值税时适用零税率。(　　)

5. 年应税销售额超过小规模纳税人标准的个人、非企业型单位、不经常发生应税行为的企业可以选择按照小规模纳税人标准纳税。(　　)

6. 某房地产企业采取预收款方式销售不动产，其纳税义务时间为收到预收款的当天。(　　)

7. 销售货物是指有偿或无偿转让货物的所有权。(　　)

8. 将自产、委托加工或购进的货物作为投资，提供给其他单位或个体工商户不属于视同销售行为。(　　)

9. 纳税人通过自设非独立核算门市部销售的自产应税消费品，应当按照门市部对外销售额或者销售数量征收消费税。(　　)

10. 金银首饰连同包装物销售的，无论包装是否单独计价，也不论会计如何核算，均应并入金银首饰的销售额，计征消费税。(　　)

11. 应征增值税的货物均应征收消费税。(　　)

12. 征收消费税的环节是从生产到流通的各个环节。(　　)

13. 纳税人自产自用的应税消费品用于连续生产应税消费品的不纳税；用于生产非应税消费品的，于移送使用时纳税。(　　)

14. 纳税人 A 委托纳税人 B 加工应税消费品，交货时由 B 代收代缴 A 应缴纳的消费税，A 收回的产品直接出售时，不再征收消费税。(　　)

15. 纳税人把自产自用的应税消费品用作广告或样品的，也应于移送使用时按销售应税消费品计算纳税。(　　)

16. 对应税消费品征收消费税后，不再征收增值税。(　　)

17. 应税消费品的销售额，是指纳税人销售应税消费品向购买方收取的全部价款和价外费用，其中也包括向购买方收取的增值税税额。(　　)

18. 在现行消费税的征税范围中，除卷烟、粮食白酒、薯类白酒外，其他一律不得采用从价定率和从量定额相结合的复合计税方法。(　　)

19. 委托个人加工的应税消费品，由受托方向其机构所在地或者居住地主管税务机关申报纳税。(　　)

20. 消费税的纳税期限分别为 1 日、3 日、5 日、10 日、15 日、1 个月或者 1 个季度。(　　)

21. 现行企业所得税法规定，企业应当自年度终了之日起 3 个月内，向税务机关报送年度企业所得税申报表，并汇算清缴税款。(　　)

22. 企业所得税的纳税年度，自公历 1 月 1 日起至 12 月 31 日止。(　　)

23. 非居民企业应就来源于中国境内、境外的所得作为征税对象。(　　)

24. 税法规定，企业某一纳税年度发生的亏损可以用下一年度的所得弥补，下一年度的所得不足以弥补的，可以逐年延续弥补，但最长不得超过 5 年。(　　)

25. 在中国境内设有机构、场所且所得与机构、场所有关联的非居民企业适用 20% 的企业所得税税率。(　　)

26. 捐赠支出可以在计算企业所得税前予以扣除。(　　)

27. 非居民企业在中国境内设立了机构、场所，但取得的所得与其所设机构、场所没有实际联系的，以机构、场所所在地为企业所得税纳税地点。(　　)

28. 企业捐赠所得不属于企业的生产经营所得，因此不是企业所得税的征税对象。(　　)

29.《企业所得税法》规定的应纳税所得额是指企业每一纳税年度的收入总额，减除不征税收入、免税收入、各项扣除以及允许弥补的以前年度亏损后的余额。(　)

30. 个人所得税的纳税义务人不包括在中国境内无住所而在境内居住不满 183 天的个人。(　　)

31. 纳税人兼营不同税率的货物或者应税劳务，应当分别核算不同税率货物或者应税劳务的销售额；未分别核算销售额的，从高适用税率。(　　)

32. 居民纳税人应就其来源于中国境内的全部所得，依法缴纳个人所得税。(　)

33. 对劳务报酬所得一次收入畸高的，可以实行加成征收个人所得税。(　)

34. 把个人所得税纳税义务人分为居民和非居民的标准是住所。(　)

35. 个人取得的工资所得按月征收个人所得税，个人取得的劳务报酬所得按年征收个人所得税。(　)

四、案例分析题

1. 某小汽车专卖店为一般纳税人，2015 年 12 月份销售小汽车取得不含税收入 500 万元，另外取得价外费用 11.3 万元(含税)，当期取得增值税专用发票上注明的增值税税款为 45 万元。

(1) 则该专卖店当期应缴纳的增值税为(　　)万元。

A. 41.989　　B. 41.7　　C. 40　　D. 38.3

(2) 纳税人进口下列货物适用 9%低税率的是(　　)。

A. 小汽车　　B. 笔记本电脑　　C. 农机　　D. 自行车

(3) 下列不属于税法构成要素的是(　　)。

A. 应纳税额　　B. 减免税　　C. 纳税期限　　D. 税率

2. 中国居民刘某是一国有企业员工，其 2019 年 10 月份的收入情况如下：①取得工资薪金收入 8000 元/月；②工作之余发表文章一次性取得稿酬收入 3000 元；③为其他单位提供技术咨询，取得一次性个人劳务报酬 7000 元；④彩票中奖 200000 元。

要求：根据上述资料，回答下列问题。

(1) 2019 年 10 月，刘某工资薪金个人所得税额是(　　)元。

A. 325　　B. 90　　C. 345　　D. 750

(2) 刘某计算稿酬收入个人所得税(　)。

A. 税率是 20%，减征 20%　　B. 应纳税所得额是 2400

C. 应纳税所得额是 2200　　D. 实际税负是 14%

(3) 刘某计算劳务报酬收入个人所得税(　　)。

A. 比例税率 20%，若每次应纳税所得额超过 30000 元，有加成规定

B. 比例税率 20%，若每次应纳税所得额超过 20000 元，有加成规定

C. 应纳税所得额 6200 元

D. 应纳税所得额 5600 元

(4) 刘某彩票中奖(   )。

A. 属于偶然所得

B. 按收入全额计算税款，没有费用扣除额

C. 按20%计算所得税额，应纳税额为4万元

D. 先扣除20%再按20%计算所得税额，应纳税额为3.2万元

(5) 下列关于刘某人所得税申报中，正确的有(   )。

A. 刘某的个人所得税应当由其支付人作为扣缴义务人

B. 刘某应当在当年度结束后执行12万元以上年所得人群的申报

C. 刘某在年所得12万元以上申报时应当补缴尚未缴纳的税款

D. 刘某应当在2019年3月末之前申报全年应纳个人所得税额

3. 某生产企业为增值税一般纳税人，2019年5月的有关生产经营业务如下：

(1) 销售甲产品，开具普通发票，取得含税销售收入28.25万元；

(2) 将生产的一批乙产品用于本企业基建工程，该批产品市场不含税销售价22万元；

(3) 将生产的一批丙产品用于本企业职工福利，该批产品市场不含税销售价5万元；

(4) 将上月购进的一批A材料用于生产甲产品，该批材料不含税购买价10万元；

(5) 购进B材料，取得增值税专用发票上注明支付的货款60万元，增值税税额10.2万元；另外支付购货的运输费用6万元，取得运输公司开具的运输发票；

(6) 向农业生产者购进免税农产品一批，取得收购凭证上注明价款30万元，支付给运输单位的运费5万元，取得运输单位开具的运输发票。本月下旬将购进农产品的20%用于本企业职工福利。

(说明：有关票据在本月均通过主管税务机关认证并申报抵扣；5月初增值税留抵税额为0)

要求：根据上述材料，回答下列问题。

(1) 该企业5月份开展的业务中，需要缴纳增值税的有(   )。

A. 将购进A材料用于生产甲产品　　B. 将丙产品用于本企业职工福利

C. 销售甲产品　　D. 将乙产品用于基建工程

(2) 该企业5月份的增值税销项税额为(   )万元。

A. 7.99　　B. 4.25　　C. 10.54　　D. 6.67

(3) 该企业购进B材料及支付相关运费可抵扣的进项税额为(   )万元。

A. 10.62　　B. 11.22　　C. 10.2　　D. 10.98

(4) 该企业购进免税农产品及支付相关运费可抵扣的进项税额为(   )万元。

A. 4.25　　B. 3.12　　C. 3.9　　D. 3.4

(5) 该企业5月份可结转下月继续抵扣的增值税进项税额为(   )万元。

A. 5.18　　B. 6.03　　C. 9.77　　D. 0

4. 遵义一家棉纺企业为增值税一般纳税人，2019年1月份发生下列业务：

(1) 购进纺织设备一台，不含税价款10万元，取得增值税专用发票，另支付运费500

元，取得承运部门开具的运输发票；

(2) 从当地农民生产者购进免税棉花 10 吨，每吨 1.4 万元，收购凭证上注明价款 14 万元；

(3) 从当地某农工商供销公司(增值税一般纳税人)购进棉花 30 吨，每吨不含税价格 1.5 万元，取得增值税专用发票；

(4) 本月向一般纳税人销售甲型号棉布 1.2 万米，售价每米 40 元(不含税)；向个体工商户销售乙型号棉布 2.34 万米，售价每米 50 元(含税)。

已知：有关发票在本月均通过主管税务机关认证并申报抵扣。

要求：根据上述材料，回答下列问题。

(1) 该企业购进纺织设备及支付运费可抵扣的进项税额为(　　)。

A. 1.7 万元　　B. 1.452 万元　　C. 36.7 万元　　D. 1.7035 万元

(2) 下列关于该企业向农民生产者购进棉花和向供销公司购进棉花计算的可抵扣进项税额的说法正确的有(　　)。

A. 向供销公司购进棉花可抵扣的进项税额为 8.95 万元

B. 向供销公司购进棉花可抵扣的进项税额为 7.65 万元

C. 向农民生产者购进棉花可抵扣的进项税额为 0

D. 向农民生产者购进棉花可抵扣的进项税额为 1.82 万元

(3) 该企业本月销售货物应确认的销项税额为(　　)。

A. 10.149 万元　　B. 9.86 万元　　C. 11.874 万元　　D. 25.16 万元

(4) 该企业本月应缴纳的增值税税额为(　　)。

A. 0.475 万元　　B. 1.345 万元　　C. 0.295 万元　　D. 13.9865 万元

(5) 该企业缴纳增值税的纳税期限可以是(　　)。

A. 5 日　　B. 3 日　　C. 10 日　　D. 365 日

5. 天意飞扬公司 2019 年共实现税前收入总额 1800 万元，其中包括产品销售收入 1600 万元，国库券利息收入 200 万元。发生各项成本费用共计 1250 万元，其中合理的工资薪金总额 175 万元，业务招待费 90 万元，职工福利费 45 万元，职工教育经费 3 万元，工会经费 9 万元，税收滞纳金 15 万元，提取的各项准备金支出 100 万元(未经税务部门批准)，其他成本费用支出均符合税法规定。已知：企业所得税税率为 25%。

要求：根据上述资料，回答下列各题。

(1) 根据《企业所得税法》规定，该公司 2019 年度的收入总额为(　　)。

A. 1600 万元　　B. 1800 万元　　C. 350 万元　　D. 550 万元

(2) 关于业务招待费，下列说法正确的是(　　)。

A. 允许税前扣除的业务招待费为 8 万元

B. 允许税前扣除的业务招待费为 54 万元

C. 超过允许税前扣除部分的业务招待费，准予在以后纳税年度结转扣除

D. 超过允许税前扣除部分的业务招待费，不得在以后纳税年度结转扣除

(3) 关于职工教育经费和工会经费，下列说法正确的是(　　)。

A. 允许税前扣除的职工教育经费为 3 万元

B. 允许税前扣除的职工教育经费为 4.375 万元

C. 允许税前扣除的工会经费为 3.5 万元

D. 允许税前扣除的工会经费为 9 万元

(4) 关于税收滞纳金和准备金支出的计算，下列说法中错误的是(　　)。

A. 企业交纳的税收滞纳金 15 万元不得税前扣除

B. 企业交纳的税收滞纳金可以税前扣除 9 万元

C. 未经税务部门核定的准备金支出不得税前扣除

D. 符合会计准则规定的准备金支出可以税前扣除

(5) 关于所得税的计算，下列说法中错误的是(　　)。

A. 该公司的应纳税所得额为 573 万元

B. 该公司的应纳税所得额为 458 万元

C. 该公司的应纳所得税为 114.5 万元

D. 该公司的应纳所得税为 143.25 万元

三、答案与解析

一、单项选择题

1. A【解析】2008 年 11 月 5 日经过国务院第 34 次常务会议修订通过，自 2009 年 1 月 1 日起全面实行消费型增值税。

2. A【解析】本题考核增值税的类型。2009 年 1 月 1 日起施行的《增值税暂行条例》，规定允许抵扣购进固定资产的进项税额，实现了增值税由生产型向消费型的转换。

3. C【解析】销项税额 $=2260\div(1+13\%)\times13\%=260$

4. A【解析】销售图书，采用 9%的低税率，因而销项税额 $=6.54\div(1+9\%)\times9\%=0.54$

5.【解析】增值税税额 = 当期销项税额 − 当期进项税额 $=1000000\times13\%-34000-30000\times9\%-51000=42300$

6. C【解析】该零售商店为小规模纳税人，增值税的征收率为 3%，则应纳增值税 $=60\div(1+3\%)\times3\%=1.75$

7. B【解析】增值税的纳税期限为 1 日、3 日、5 日、10 日、15 日、1 个月或 1 个季度。

8. D【解析】纳税人进口货物，应当自海关填发海关进口增值税专用缴款书之日起 15 内缴纳税款。

9. C【解析】一般纳税人增值税零税率适用于报关出口的货物，以及提供的国际运输服务、向境外单位提供的研发服务和设计服务。

根据规定，稿酬所得是指个人因其作品以图书、报刊形式出版、发表而取得的所得。因此本题中，作家将其书画作品通过出版社出版取得的报酬，应属于“稿酬所得”。

10. A【解析】本题考核运费可以抵扣进项税计算。根据规定，运费计算抵扣进项税额，按运费发票上注明的运费金额和建设基金金额的7%计算抵扣进项税。

增值税一般纳税人兼营不同增值税税率的货物，未分别核算不同税率货物销售额的，适用从高税率。

11. A【解析】纳税人发生视同销售货物行为，纳税义务发生时间为货物移送的当天，纳税人发生视同提供应税服务的行为，其纳税义务发生时间为应税服务完成的当天。

12. A【解析】本题考核增值税进项税额的计算。根据规定，增值税一般纳税人购进或销售货物以及在生产经营过程中所支付的运输费用，根据运费结算单据(普通发票)所列运费金额(含建设基金)依7%的扣除率计算进项税额准予扣除，但随同运费支付的装卸费、保险费等其他杂费不得计算扣除进项税额。

可抵扣的进项税额=(800+80)×7%=61.6(元)

13. D【解析】我国现行的消费税为特别消费税，即对特定的消费品和特定的消费行为加以征收的一种流转税，含15个税目，不包括飞机公共设施。

14. A【解析】本题考查消费税和增值税的概念。

15. C【解析】消费税中的黄酒、啤酒和成品油采用从量计征。

16. D【解析】税法规定，应税消费品若是用外购(或委托加工收回)已缴纳消费税的应税消费品连续生产出来的，在对这些连续生产出来的应税消费品征税时，按当期生产领用数量计算准予扣除外购(或委托加工收回)应税消费品已缴纳的消费税税款，且卷烟采用复合计征。

故应纳消费税额=110×45%+400×150/10000-50×30%=40.5

17. B【解析】

18. A【解析】黄酒、啤酒实行从量定额征税，白酒采用复合计征，其他酒类实行从价计征。

19. B【解析】1995年1月1日起，国务院批准消费税由生产环节征收改为零售环节征收。

20. A【解析】纳税人自产的应税消费品用于连续生产应税消费品的，不应征收消费税，用于其他方面的，于移送使用时纳税。

21. C【解析】纳税人自产自用的应税消费品，用于连续生产应税消费品的，不纳税；用于其他方面的，于移送使用时纳税。

22. A【解析】纳税人生产的应税消费品，于生产销售时纳税。

23. A【解析】本题考核消费税纳税义务发生时间。纳税人采取赊销和分期收款结算方式的，为书面合同约定的收款日期的当天，书面合同没有约定收款日期或无书面合同的，为发出应税消费品的当天。

24. A【解析】企业所得税纳税义务人根据登记注册地或实际管理机构是否在中国境内，

可分为居民企业和非居民企业。

25. D【解析】此题考企业所得税准予扣除的项目。成本、费用、税金、损失可在税前扣除。企业所得税税前不能扣除的罚金、罚款和被没收财物的损失，不包括纳税人按照经济合同规定支付的违约金(包括银行罚息)罚款和诉讼费用。

26. D【解析】企业所得税是按年征收，分月或分季预缴，年终汇算清缴，多退少补。

27. D【解析】企业应当自月份或者季度终了之日起 15 日内，向税务机关报送预缴企业所得税纳税申报表，预缴税款。

28. B【解析】本题考核企业所得税中不征税收入。

29. A【解析】本题考核企业所得税中免税收入。

30. C

31. A【解析】2017 年的亏损可由 2018 年的盈利来弥补，2019 年应纳税所税税额 = 30×25% = 7.5(万元)

32. B【解析】(1)选项 A：符合条件的小型微利企业适用 20%的优惠税率；(2)选项 B：居民企业和在中国境内设有机构、场所，且所得与其所设机构、场所有关联的非居民企业适用 25%的所得税税率；(3)选项 CD：在中国境内未设立机构、场所的，或者虽设立机构、场所，但所得与其所设机构、场所没有实际联系的非居民企业适用 20%的税率，减按 10%的税率征收企业所得税。

33. C【解析】在中国境内未设立机构、场所的，或虽设立机构、场所，但取得的所得与其所设机构、场所没有实际联系的非居民企业，以扣缴义务人所在地为纳税地点。

34. C【解析】在计算个人所得税时，个人取得的偶然所得应交税费直接用所得乘以税率。

则应纳个人所得税 = 15000×20% = 3000(元)

35. C【解析】作品的出版、发表计入稿酬所得

36. C【解析】A 为稿酬所得，B 为特许权使用费所得，D 为工资薪金所得。

37. C【解析】居民个人的工资薪金所得计入综合所得，采用七级超额累进税率，税率为 5%~45%。

38. C【解析】稿酬所得，适用的个人所得税税率为 20%，并按应纳税额减征 30%。

39. B

40. C【解析】个人所得税纳税义务人的划分是根据纳税人在中国境内有无住所或者居住时间是否满 183 天(在一个纳税年度内)。

二、多项选择题

1. AB【解析】选项 C，增值税一般纳税人按其经营范围大小，分为一般纳税人和小规模纳税人。选项 D，增值税是以商品(含应税劳务)在流转过程中产生的增值额为计税依据而征收的一种流转税。

2. AC【解析】划分增值税纳税人的标准是经营规模的大小(主要是年应税销售额)或会

计核算是否健全。

3. ABC【解析】增值税的纳税期限为1日、3日、5日、10日、15日、1个月或1个季度。

不能按期纳税的，可按次纳税。

4. BC【解析】采用9%的低税率的是食用盐、居民用煤炭制品、食用植物油、水等。

5. ABC【解析】增值税是价外税，销售额不包括向购买方收取的销项税额。

6. ACD【解析】增值税一般纳税人视同销售的情形包括(1)将自产、委托加工的货物用于集体福利或个人消费；(2)将自产、委托加工或购进的货物作为投资、提供给其他单位或个体工商户；(3)将自产、委托加工或购进的货物分配给股东或投资者；(4)将自产、委托加工或购进的货物无偿赠送给其他单位或个人等。

7. ABCD【解析】本题考核增值税的纳税范畴。营改增后，对增值税纳税范畴进行了调整，转让土地使用权属于转让无形资产范畴，也应缴纳增值税。

8. AB【解析】增值税的税率包括基本税率13%、低税率9%和6%、零税率。3%是增值税的征收率。

9. ABC【解析】本题考核消费税的特点。我国现行的消费税是对特定的消费品和特定的消费行为在特定的环节征收的流转税，是价内税，将税负转嫁给消费者。

10. AB【解析】

11. AC【解析】在消费税中采取从量征税的有黄酒、啤酒和成品油。

12. ABD【解析】本题考核消费税的征税范围。现行消费税的征收范围主要包括：烟、酒及酒精、鞭炮、焰火、化妆品、成品油、贵重首饰及珠宝玉石、高尔夫球及球具、高档手表、游艇、木制一次性筷子、实木地板(包括实木复合地板、实木拼接地板等)、汽车轮胎、摩托车、小汽车等税目，有的税目还进一步划分若干子目。

13. BD【解析】消费税是价内税，“价”即是销售额；符合条件的代垫运费是要付给运输方的，故不包括；酒类除从量计征的黄酒、啤酒外，其他酒类所收取的酒瓶押金均计入销售额。

14. ABC【解析】纳税人将自产的应税消费品用于生产应税消费品时不纳税，而在销售时纳税。用于其他方面的，于移送使用时纳税。

15. BC【解析】消费税为单一环节纳税。A为生产销售环节纳税，进口应税消费品于报关进口时纳税，金银首饰于零售环节纳税。护肤护发品不为应税消费品，不纳税。

16. AD【解析】消费税为单一环节纳税。委托加工环节已纳税，故用于直接销售，不纳税。

17. AD【解析】本题考核消费税的税目，汽车轮胎和保健食品不属于应税消费品。

18. AC【解析】本题考核消费税的概念及消费税的纳税环节。A是视同销售应税消费品，在移送时纳税；B委托加工收回后直接出售，不再缴纳消费税；C进口应税消费品，在进口环节纳税；D销售给金店，而金银首饰在零售环节纳税。

19. BC【解析】本题考核增值税与消费税的概念。

20. BC【解析】根据消费税法律制度的规定，目前只有卷烟和白酒实行从价定率与从量定额相结合的复合计税方法计征。

21. AC【解析】本题考核免税收入所包括的范围，而 B 是不征税收入，D 是应税收入。

22. BCD【解析】A 选项是个人所得税的征收范围。

23. ABC【解析】D 选项是应税收入。

24. BD【解析】准予扣除的税金不包括增值税（增值税属于价外税）和企业所得税（企业所得税是要计算的税）。

25. ABC【解析】本题考核企业所得税准予扣除的项目。股息和红利是税后支付和分红，所以不选 A 和 C；税收滞纳金和非广告性赞助支出，属于税前不得扣除项目。

26. CD【解析】本题考核的是企业所得税禁止扣除项目的规定。企业之间支付的管理费、企业内营业机构之间支付的租金和特许权使用费，以及非银行企业内营业机构之间支付的利息，不得扣除，而 AB 是与生产经营活动有关的费用，准予扣除。

27. ABC【解析】本题考核企业所得税的税率。【提示】33%是原来《企业所得税暂行条例》规定的税率，现在企业所得税的基本税率为 25%。

28. BD【解析】本题考核企业所得税的纳税地点。除税收法律、行政法规另有规定外，居民企业一般以企业登记注册地为纳税地点；但登记注册地在境外的，以实际管理机构所在地为纳税地点。

29. ABD【解析】选项 C，偶然所得全额征税；选项 D，扣除费用不固定。

30. AB【解析】本题考核个人所得税税率。财产租赁所得、特许权使用费所得适用 20%的比例税率；工资、薪金所得适用七级超额累进税率；承包经营所得适用五级超额累进税率。

31. ABCD【解析】本题考核个人所得税纳税申报。纳税义务人有下列情形之一的，应当按照规定到主管税务机关办理纳税申报。

（1）年所得 12 万元以上的；

（2）从中国境内两处或者两处以上取得工资、薪金所得的；

（3）从中国境外取得所得的；

（4）取得应纳税所得，没有扣缴义务人的；

（5）国务院规定的其他情形。

32. AD【解析】选项 AD 属于居民纳税人，选项 BC 属于非居民纳税人。

33. ABD【解析】财产转让所得采用 20%的比例税率

34. BCD【解析】A 项是企业所得税的纳税人。

35. ABCD

三、判断题

1. ×【解析】增值税一般纳税人销售或者进口货物，提供加工、修理修配劳务，除低税率适用范围和销售个别旧货适用低税率外，税率一律采用 13%。

2. ×【解析】未分别核算销售额的，从高适用税税率或征收率。

3. ×【解析】增值税纳税人以 1 日、3 日、5 日、10 日、15 日为 1 个纳税期限的，自期满之日起 5 日内预缴税款，于次月 1 日起至 15 日内申报纳税并结清上月税款。

4. ×【解析】增值税一般纳税人销售从农业生产者处购进的自产谷物，其缴纳增值税时，可 9% 折扣率抵扣。

5. ×【解析】除个体工商户外的其他个人只能按小规模纳税人纳税。

6. √

7. ×【解析】销售货物是指有偿转让货物的所有权。

8. ×【解析】将自产、委托加工或购进的货物作为投资，提供给其他单位或个体工商户属于视同销售行为。

9. √

10. √

11. ×【解析】消费税是对特定的消费品加以征收。征收消费税的一定征收增值税，而征收增值税的不一定征收消费税。

12. ×【解析】消费税是对应税消费品在某一特定环节加以征收，我国现行的消费税是一种特别消费税。

13. √

14. ×【解析】纳税人 A 委托单位加工应税消费品时，由受托方 B 代收代缴 A 应缴纳的消费税。

15. √

16. ×【解析】本题考核增值税的概念。增值税是对在我国境内销售货物、提供加工修理修配劳务、销售服务、无形资产和转让不动产的单位或个人所征收的一种流转税，是我国最大的税种。

17. ×【解析】增值税属于价外税。

18. ×【解析】在现行消费税的征税范围中，除卷烟、白酒外，其他不得采用从价定率和从量定额相结合的复合计税方法。

19. ×【解析】委托个人加工的应税消费品，由委托方收回后自行向其机构所在地或者居住地主管税务机关申报纳税。

20. √

21. ×【解析】现行企业所得税法规定，企业应当自年度终了之日起 5 个月内，向税务机关报送年度企业所得税申报表，并汇算清缴税款。

22. √【解析】

23. ×【解析】居民企业应就来源于中国境内、境外的所得作为征税对象。而居民企业看境内有没有设立机构和场所，其境外所得与境内机构场所有无实际关联。

24. √

25. ×【解析】居民企业和在中国境内设有机构、场所且所得与机构、场所有关联的非居民企业适用25%的企业所得税税率。

26. ×【解析】公益性捐赠支出允许在税前扣除。

27. √【解析】非居民企业在中国境内设立了机构、场所，但取得的所得与其所设机构、场所没有实际联系，以扣缴义务人所在地为企业所得税纳税地点。

28. ×【解析】企业所得税的征税对象是企业的生产经营所得、其他所得和清算所得。包括销售货物所得、提供劳务所得、转让财产所得、捐赠所得和其他所得等。

29. √【解析】在中华人民共和国境内(以下称境内)销售服务、无形资产或者不动产(以下称应税行为)的单位和个人，为增值税纳税人，应当按照本办法缴纳增值税，不缴纳营业税。

30. ×【解析】境内和境外取得以及中国境内无住所又不居住或者无住所而在境内居住不满183的个人，从中国境内取得的所得，都是个人所得税的纳税义务人。

31. √

32. ×【解析】居民纳税人应就其来源于中国境内、境外所得，缴纳个人所得税。

33. √

34. ×【解析】把个人所得税纳税义务人分为居民个人和非居民个人的标准是住所或居住时间。

35. ×【解析】居民个人的工资薪金所得计入综合所得，按年征收，分月预缴，年终汇算清缴。

四、案例分析题

1.

(1) B【解析】本题考核增值税的应纳税额。应缴纳的增值税=[500+11.3÷(1+13%)]×13%-45=41.7(万元)。

(2) C【解析】本题考核增值税的税率。

(3) A【解析】本题考核税法的构成要素。

2.

(1) B【解析】本题考核个人所得税的计算。

刘某的工资薪金的应纳税所得额=8000-5000=3000元

应纳税额=3000×3%=90元

(2) CD【解析】本题考核个人所得税。工作之余发表文章一次性取得稿酬收入3000元。没超过4000元，应减除费用800元，应纳税所得额=3000-800=2200(元)，税率20%，减征30%，实际税负是14%。

(3) BD【解析】本题考核个人所得税的计算。为其他单位提供技术咨询，取得一次性个人劳务报酬7000元。一次劳务报酬收入4000元以上的，应减除费用为收入的20%。所以应纳税所得额=7000×(1-20%)=5600(元)。比例税率20%，超过20000的部分需要加成征收个人所得税。

（4）ABC【解析】本题考核个人所得税的计算。2015 年刘某彩票中奖属于偶然所得。彩票中奖 200000 元没有扣除额，就按 20%计算所得税额，应纳税 4 万元。

（5）ABCD【解析】本题考核个人所得税的纳税申报。个人所得税以所有人为纳税义务人，以支付所得的单位或者个人为扣缴义务人。应当按照规定办理纳税申报的情形有：①年所得 12 万元以上的。②从中国境内两处或者两处以上取得工资、薪金所得的。③从中国境外取得所得的。④取得应纳税所得，没有扣缴义务人的。⑤国务院规定的其他情形。年所得 12 万元以上申报的时间是年度终了后的 3 个月内。

3.

（1）BCD【解析】将购进的材料用于生产产品，不符合确认销售的条件，不需要缴纳增值税。

（2）D【解析】28. 25÷(1+13%)×13%+22×13%+5×13%＝6. 67(万元)。

（3）A【解析】10. 2+6×7%＝10. 62(万元)。

（4）D【解析】(30×13%+5×7%)×(1−20%)＝3. 4(万元)。

（5）A【解析】28. 25/1. 13×13%＝3. 25(万元)；22×13%＝2. 86(万元)；5×13%＝0. 65；

10. 2+6×7%＝10. 62(万元)；(30×9%+5×7%)×(1−20%)＝3. 4(万元)

3. 25+3. 74+0. 85−10. 62−3. 4＝5. 18(万元)。即可抵扣的进项税额为 5. 18 万元。

4.

（1）D【解析】本题考核增值税进项税的抵扣。可抵扣的进项税＝100000×13%＋500×7%÷10000＝1. 7035(万元)。

（2）BD【解析】本题考核进项税的抵扣。向供销公司购进棉花可抵扣的进项税额＝1. 5×30×17%＝7. 65(万元)。增值税一般纳税人向农产品生产者购买免税农产品，准予按收购凭证上注明的收购价和 9%的扣除率计算进项税额，从当期销项税额中扣除。可抵扣的进项税额＝14×13%＝1. 82(万元)。

（3）D【解析】本题考核销项税的确定。本月销售货物应确认的销项税额＝40×1. 2×17%+50×2. 34÷(1+17%)×17%＝25. 16(万元)。

（4）D【解析】本题考核增值税的计算。本月应缴纳的增值税＝25. 16－1. 7035－1. 82－7. 65＝13. 9865(万元)。

（5）ABC【解析】本题考核增值税的纳税期限。增值税的纳税期限分为 1 日、3 日、5 日、10 日、15 日、1 个月或者 1 个季度。

5.

（1）B【解析】本题考核企业所得税。企业的收入总额包括以货币形式和非货币形式从各种来源取得的收入。

（2）AD【解析】本题考核企业所得税。企业发生的与生产经营活动有关的业务招待费支出，按照发生额的 60%扣除，但最高不得超过当年销售(营业)收入的 5‰。

（3）AC【解析】本题考核企业所得税。企业拨缴的工会经费，不超过工资薪金总额的 2%的部分准予扣除；除国务院财政、税务主管部门另有规定外，企业发生的职工教育经费支出，不超过工资薪金总额 2.5%的部分准予扣除，超过部分准予结转以后纳税年度扣除。

(4) BD【解析】本题考核企业所得税。企业缴纳的税收滞纳金和未经核定的准备金支出(是指不符合国务院财政、税务主管部门规定的各项资产减值准备、风险准备等准备金支出)是不得扣除的项目。

(5) BD【解析】本题考核企业所得税的计算。业务招待费的扣除：实际发生 90 万元，90×60%＝54(万元)，1600×5‰＝8(万元)，所以税前只能扣除 54 万元；职工福利费 45 万元，职工教育经费 3 万元，工会经费 9 万元，扣除限额为：175×14%＝24.5(万元)，175×2.5%＝4.375(万元)，175×2%＝3.5(万元)，企业所得税的所得额＝(1800－200)－[1250－(90－8)(业务招待费不得扣除的部分)－(45－24.5)(职工福利费不得扣除的部分)－(9－3.5)－15(税收滞纳金不得扣除)－100(未经批准的准备金支出)]＝573(万元)；企业应纳所得税＝573×25%＝143.25(万元)。

第五章　会计职业道德

一、考点与真题解析

第一节　会计职业道德概述

考点总结

概念	会计职业道德是指在会计职业活动中应遵循的、体现会计职业特征的、调整会计职业关系的职业行为准则和规范	
特征	具有一定的强制性	
	较多关注公众利益（在会计职业活动中，发生道德冲突时要坚持准则，把社会公众利益放在第一位）（允许企业取得合法利益）	
会计职业道德与会计法律制度的关系（单、多、判）	联系	(1)在作用上相互补充、协调 (2)在内容上相互渗透，相互重叠 (3)在地位上相互转化，相互吸收 (4)在实施过程中相互作用 【注意】会计法律制度是会计职业道德的最低要求
	区别	性质不同
		作用范围不同
		表现形式不同
		实施保障机制不同

例题解析

【真题1】会计职业道德是指在会计职业活动中应当遵循的、体现（　　）特征的和调整会计职业关系的职业行为准则和规范。

A. 会计工作　　B. 会计职业　　C. 会计活动　　D. 会计人员

【答案】B。

【解析】本题考核会计职业道德的概念。会计职业道德是指在会计职业活动中应当遵循的、体现会计职业特征的和调整会计职业关系的职业行为准则和规范。

【真题2】会计职业道德特有的特征之一是维护经济主体利益。(　　)

【答案】×。

【解析】会计职业道德的特征是具有一定的强制性和较多关注公众利益。

【真题3】会计职业道德是在会计职业活动中应当遵循的、体现会计职业特征、调整会计职业关系的职业行为准则和规范，其含义包括(　　)。

A. 是调整会计职业活动利益关系的手段　　B. 具有相对的稳定性

C. 具有广泛的社会性　　D. 具有一定的强制性和较多关注公众利益

【答案】ABC。

【解析】选项D，属于会计职业道德的特征。

【真题4】会计职业道德的功能不包括(　　)。

A. 指导功能　　B. 规范功能　　C. 评价功能　　D. 教化功能

【答案】B。

【解析】会计职业道德的功能包括指导功能、评价功能和教化功能。

【真题5】会计职业道德的调整对象是(　　)。

A. 调整企业与国家之间的经济利益关系　　B. 调整会计职业中的经济利益关系

C. 调整会计人员之间的关系　　D. 调整会计活动之间的关系

【答案】B。

【解析】会计职业道德是调整会计职业活动中各种利益关系的手段。会计工作的性质决定了在会计职业活动中要处理方方面面的经济关系，包括单位与单位、单位与国家、单位与职工等经济关系，这些经济关系的实质是经济利益关系。所以会计职业道德的调整对象是会计职业中的经济利益关系。

【真题6】下列各项中，不属于会计职业道德主要作用的是(　　)。

A. 规范会计行为的基础　　B. 实现会计目标的重要保证

C. 对会计法律制度的重要补充　　D. 有助于企业实现其战略目标

【答案】D。

【解析】会计职业道德的作用主要包括：(1)是规范会计行为的基础；(2)是实现会计目标的重要保证；(3)是对会计法律制度的重要补充；(4)是提高会计人员职业素养的内在要求。

【真题7】会计法律制度是由(　　)来保障实施。

A. 国家强制力　　B. 财政部门　　C. 会计行业组织　　D. 其他相关机关

【答案】A。

【解析】本题考核会计法律制度的性质。会计法律制度通过国家机器强制执行，具有很强的他律性。

【真题8】会计职业道德与会计法律制度的区别主要表现在(　　)方面。

A. 性质不同　　　　　　　　　　　　B. 作用范围不同

C. 表现形式不同　　　　　　　　　　D. 实施保障机制不同

【答案】ABCD。

【解析】会计职业道德与会计法律制度的区别主要表现在：(1)性质不同；(2)作用范围不同；(3)表现形式不同；(4)实施保障机制不同。

【真题 9】下列关于会计职业道德与会计法律制度的联系的说法中，不正确的是(　　)。

A. 两者有共同的目标、相同的调整对象，承担着同样的职责

B. 两者在作用上相互补充、相互协调

C. 两者在内容上相互借鉴、相互吸收

D. 两者在实现形式上都是具体的、明确的和成文的

【答案】D。

【解析】会计职业道德与会计法律制度有着共同的目标、相同的调整对象，承担着同样的责任，在作用上相互补充。会计职业道德其表现形式既有明确的成文的规定，也有不成文的约定。

【真题 10】会计职业道德涵盖了(　　)之间的关系。

A. 单位与国家　　　B. 单位与职工　　　C. 单位与债权人　　　D. 单位与投资者

【答案】ABCD。

【解析】会计工作的性质决定了在会计职业活动中要正确处理各种经济关系，如单位与国家、单位与单位、单位与投资者、单位与债权人、单位与职工、单位内部各部门之间及单位与社会公众之间的经济关系。

第二节　会计职业道德规范的主要内容

考点总结

爱岗敬业、诚实守信、廉洁自律、客观公正、坚持准则、提高技能、参与管理和强化服务(★★)

爱岗敬业	含义	会计职业道德的基础
	基本要求	(1)热爱会计工作，敬重会计职业，安心本职岗位 (2)严肃认真，一丝不苟 (3)忠于职守，尽职尽责
诚实守信	含义	会计职业道德的精髓
	基本要求	(1)做老实人，说老实话，办老实事，不搞虚假 (2)实事求是，如实反映 (3)保守秘密，不为利益所诱惑 (4)执业谨慎，信誉至上

续表

廉洁自律	含义	会计职业道德的前提和内在要求
	基本要求	(1)树立正确的人生观和价值观 (2)公私分明，不贪不占
客观公正	含义	会计职业道德的理想目标
	基本要求	依法办事；实事求是，不偏不倚；保持独立性
坚持准则	含义	会计职业道德的核心
	“准则”	不仅指会计准则，而且包括会计法律、法规、国家统一的会计制度以及与会计工作相关的法律制度
	基本要求	(1)熟悉准则 (2)遵循准则 (3)坚持准则
提高技能	会计职业技能的内容	主要包括：会计及理论操作水平、会计实务操作能力、职业判断能力、自动更新知识能力、提供会计信息的能力、沟通交流能力及职业经验
	基本要求	(1)要有不断提高会计专业技能的意识和愿望 (2)要有勤学苦练的精神和科学的学习方法
参与管理	含义	间接参加管理活动
	基本要求	(1)努力钻研业务，熟悉财经法规和相关制度，提高业务技能，为参与管理打下基础 (2)熟悉服务对象的经营活动和业务流程，使参与管理的决策更具有针对性和有效性
强化服务	含义	会计职业道德的归宿
	基本要求	(1)强化服务意识 (2)提高服务质量 【注意】质量上乘的前提是坚持准则

例题解析

【真题 1】诚实守信是遵守会计职业道德的(　　)。

A. 效率规则　　B. 基本要求　　C. 质量标准　　D. 外在要求

【答案】B。

【解析】诚实守信是遵守会计职业道德的基本要求。

【真题 2】职业道德是同人们的(　　)紧密联系的，具有自身职业特征的道德准则、职业行为规范的总和。

A. 道德活动　　B. 职业活动　　C. 经济活动　　D. 政治活动

【答案】B。

【解析】职业道德就是同人们的职业活动紧密联系的，具有自身职业特征的道德准则、职业行为规范的总和。

【真题 3】某电子公司会计张丽的丈夫在一家私有电子企业任总经理，张丽将在工作中接触到的公司新产品研究计划及相关的会计资料复印件提供给其丈夫，给公司带来一定的损失。张丽的行为违反了(　　)的会计职业道德。

A. 爱岗敬业、参与管理、坚持准则　　B. 诚实守信、廉洁自律

C. 客观公正、提高技能　　D. 强化服务、坚持准则

【答案】B。

【解析】张丽泄露了公司秘密，没有做到公私分明、遵纪守法，因此其行为违反了诚实信用和廉洁自律的会计职业道德要求。

【真题 4】会计李立对本单位一项违反了国家统一的财政制度规定的财务收支，因其手续齐备并经单位领导审批签字而予以执行，李立的以上行为违背了(　　)的会计职业道德要求。

A. 诚实守信　　B. 坚持准则　　C. 参与管理　　D. 强化服务

【答案】B。

【解析】坚持准则要求会计人员熟悉国家法律、法规和国家统一的会计制度，始终坚持按法律、法规和国家统一的会计制度的要求进行会计核算，实施会计监督。很明显，李立的行为违背了坚持准则的会计职业道德要求。

【真题 5】(　　)是会计职业道德的前提，这既是会计职业道德的内在要求，也是会计职业良好声誉的外在表现。

A. 敬业爱岗　　B. 诚实守信　　C. 廉洁自律　　D. 客观公正

【答案】C。

【解析】廉洁自律是会计职业道德的前提，也是会计职业道德的内在要求。

【真题 6】某公司 2010 年严重亏损，公司董事长授意总会计师张某对会计报表作技术处理，从账面上扭亏为盈。张某接受该授意，对财务报表作了处理。根据会计职业道德规范内容，张某的做法违反了会计职业道德规范的(　　)要求。

A. 爱岗敬业　　B. 诚实守信　　C. 客观公正　　D. 坚持准则

【答案】BCD。

【解析】爱岗敬业要求会计人员热爱会计工作，安心本职岗位，忠于职守，尽心尽力，尽职尽责。诚实守信要求会计人员做老实人，说老实话，办老实事，执业谨慎，信誉至上，不为利益所诱惑，不弄虚作假，不泄露秘密。客观公正要求会计人员端正态度，依法办事，实事求是，不偏不倚，保持应有的独立性。坚持准则要求会计人员熟悉国家法律、法规和国家统一的会计制度，始终坚持按法律、法规和国家统一的会计制度的要求进行会计核算，实施会计监督。很显然，张某的行为违反了诚实守信、客观公正和坚持准则的要求。

【真题 7】下列关于会计职业道德规范的内容表述中，正确的是(　　)。

A. 坚持准则是会计职业道德的基础

B. 廉洁自律是会计职业道德的精髓

C. 诚实守信是会计职业道德的前提

D. 客观公正是会计职业道德所追求的理想目标

【答案】D。

【解析】爱岗敬业是指忠于职守的事业精神，这是会计职业道德的基础；诚实守信是会计职业道德的精髓；廉洁自律是会计职业道德的前提。

【真题 8】某公司资金紧张，需向银行贷款 500 万元。公司王经理请返聘的张会计对公司提供给银行的会计报表进行技术处理。张会计很清楚公司目前的财务状况和偿债能力，但在王经理的反复开导下，张会计出于王经理平时对自己的照顾，于是按照贷款所要求的指标编造了一份经过技术处理后漂亮的会计报表，公司获得了银行的贷款。下列对张会计行为认定中正确的是(　　)。

A. 张会计违反了爱岗敬业、客观公正的会计职业道德要求

B. 张会计违反了参与管理、坚持准则的会计职业道德要求

C. 张会计违反了客观公正、坚持准则的会计职业道德要求

D. 张会计违反了强化服务、客观公正的会计职业道德要求

【答案】C。

【解析】客观公正的基本要求：(1)依法办事；(2)实事求是；(3)如实反映。坚持准则的基本要求：(1)熟悉准则；(2)遵循准则；(3)敢于同违法行为作斗争。本题张会计提供虚假的会计报表，所以违反了客观公正中的依法办事、实事求是的要求；因为张会计没有按照会计准则的要求编制会计报表，所以违法了坚持准则中的遵循准则的要求。

【真题 9】就会计职业而言，职业技能包括(　　)。

A. 会计理论水平，会计实务能力　　B. 职业判断能力，自动更新知识能力

C. 提供会计信息的能力　　D. 沟通交流能力以及职业经验

【答案】ABCD。

【解析】就会计职业而言，会计技能包括会计理论水平，会计实务能力，职业判断能力，自动更新知识的能力，提供会计信息的能力，沟通交流的能力以及职业经验等。

【真题 10】下列各项关于提高技能的说法中，正确的有(　　)。

A. 会计人员的技能水平是会计人员职业道德水平的保证

B. 从业人员必须“具备一定的会计专业知识和技能”，才能胜任会计工作

C. 沟通交流能力以及职业经验也属于会计职业技能

D. 会计人员要提高会计专业技能，不必参加社会实践活动

【答案】ABC。

【解析】会计人员要提高技能，就需要掌握科学的学习方法，必须积极参加社会实践活动，在实践中锤炼提高职业技能。

【真题 11】下列各项中，属于强化服务相关内容的有(　　)。

A. 具有文明的服务态度　　　　B. 强烈的服务意识

C. 优良的服务质量　　　　D. 锲而不舍的学习精神

【答案】ABC。

【解析】强化服务是要求会计人员具有文明的服务态度、强烈的服务意识和优良的服务质量。选项 D 是提高技能的要求。

【真题 12】下列各项中，符合会计职业道德“参与管理”要求的包括(　　)。

A. 公私分明，不贪不占

B. 满足管理者的需求

C. 熟悉本单位经营活动和业务流程

D. 努力钻研业务，为参与管理打下坚实的基础

【答案】CD。

【解析】参与管理的基本要求是：努力钻研业务，熟悉财经法规和相关制度，提高业务技能，为参与管理打下坚实的基础；熟悉服务对象的经营活动和业务流程，使参与管理的决策更具针对性和有效性。

第三节　会计职业道德教育与修养

考点总结

<table>
<tr><td rowspan="5">教育</td><td rowspan="2">形式</td><td colspan="2">接受教育(外在教育)</td></tr>
<tr><td colspan="2">自我修养(内在教育)</td></tr>
<tr><td>内容</td><td colspan="2">职业道德观念教育(道德)(基础)
职业道德规范教育(道德)(核心)
职业道德警示教育(道德+法律)
【注意】职业道德规范教育是指对会计人员开展以会计职业道德规范为内容的教育，是会计职业道德的教育的核心</td></tr>
<tr><td rowspan="2">途径</td><td>岗前</td><td>(1)会计学历教育中的职业道德教育
(2)获取会计从业资格中的职业道德教育</td></tr>
<tr><td>岗位</td><td>职业道德继续教育
会计职业道德教育应贯穿于整个会计人员继续教育的始终</td></tr>
<tr><td>修养</td><td>方法</td><td colspan="2">(1)不断进行内省
(2)要提倡“慎独”精神
(3)虚心向先进人物学习</td></tr>
</table>

例题解析

【真题1】会计职业道德修养的含义包括(　　)。

A. 自我改造　　B. 自我教育　　C. 自我提高　　D. 自我完善

【答案】ABC。

【解析】会计职业道德修养是指会计人员在会计职业活动中，按照会计职业道德的基本要求，在自身道德品质方面进行的自我教育、自我改造、自我锻炼、自我提高，从而达到一定的职业道德境界。

【真题2】在会计人员继续教育中，明确会计职业道德教育主要内容为(　　)。

A. 形势教育　　B. 自我教育　　C. 品德教育　　D. 法制教育

【答案】ACD。

【真题3】下列各项中，不属于会计职业道德教育意义的是(　　)。

A. 通过教育，可以培养会计人员会计职业道德情感

B. 通过教育，可以提高会计职业道德水平

C. 有计划、有组织的道德教育活动

D. 通过教育，可以树立会计职业道德信念

【答案】C。

【解析】选项C是会计职业道德教育的含义。

【真题4】通过学校或培训单位对会计人员进行以职业责任、职业义务为核心内容的正面教育，属于(　　)。

A. 自我教育　　B. 接受教育　　C. 继续教育　　D. 学历教育

【答案】B。

【解析】接受教育即外在教育，是指通过学校或培训单位对会计人员进行以职业责任、职业义务为核心内容的正面灌输，以规范其职业行为，维护国家和社会公众利益的教育。

【真题5】会计人员经常会对自己的工作自我批评，自我解剖，这体现的是职业道德教育中的(　　)。

A. 外在教育　　B. 岗前教育　　C. 自我修养　　D. 接受教育

【答案】C。

【解析】自我修养即内在教育，是从业人员自我学习、自我改造、自身道德修养的行为活动。

【真题6】我国目前会计职业道德教育的途径主要包括(　　)。

A. 通过会计学历教育　　B. 通过会计继续教育

C. 通过财政部监督检查　　D. 通过会计人员的自我教育与约束

【答案】ABD。

【解析】会计职业道德教育途径主要包括：(1)通过会计学历教育进行会计职业道德教育；(2)通过会计继续教育进行会计职业道德教育；(3)通过会计人员的自我教育与修养进行会计职业道德教育。

【真题 7】下列各项中，不属于会计职业道德教育三个层次的是(　　)。

A. 对潜在会计人员(会计专业学生)的教育

B. 岗前教育

C. 对下岗人员的教育

D. 会计人员继续教育

【答案】C。

【解析】会计职业道德教育的三个层次是：对潜在会计人员(会计专业学生)的教育、岗前教育和会计人员继续教育。

【真题 8】自我修养是人们依照会计职业道德原则进行的(　　)的活动。

A. 自我教育　　B. 自我改造　　C. 自身道德约束　　D. 自我提高

【答案】ABD。

【解析】自我修养是人们依照会计职业道德原则进行的自我教育、改造和提高的活动。

【真题 9】会计学历教育的具体目标主要包括(　　)。

A. 使学生了解会计职业道德规范的内容，树立职业道德观念

B. 使学生了解会计职业面临的道德风险，提高运用道德标准判断是非的能力

C. 培养学生树立起会计职业情感和观念，为今后从事会计工作，并在职业活动中自觉遵守职业道德规范奠定基础

D. 使学生按照领导要求去办事

【答案】ABC。

【解析】会计学历教育不仅要对学生进行专业知识教育，而且也要对学生进行职业道德教育，使学生不断提高思想品质和道德情操，其具体目标是在学习会计理论和技能的同时，学习会计职业道德规范的内容，了解会计职业面临的道德风险，树立起会计职业情感和观念，提高运用道德标准判断是非的能力，为今后从事会计工作，并在职业活动中自觉遵守职业道德规范奠定基础。

【真题 10】“慎独”是会计职业道德修养中一种很高的道德境界，它的前提是(　　)。

A. 职业良心　　B. 职业信念　　C. 职业行为　　D. 职业实践

【答案】AB。

【解析】“慎独”既是道德修养方法，又是一种很高的道德境界，它的前提是坚定的职业信念和职业良心。

第四节　会计职业道德建设组织与实施

考点总结

会计职业道德建设	财政部门的组织推动	1. 采用多种形式开展会计职业道德宣传教育 2. 会计职业道德建设与会计从业资格证书注册登记管理相结合 【注意】《会计基础工作规范》中规定，财政主管部门、业务主管部门和各单位应当定期检查会计人员遵守职业道德的情况，并作为会计人员晋升、晋级、聘任专业职务、表彰奖励的重要依据(判断) 3. 会计职业道德建设与会计专业技术资格考评、聘用相结合 4. 会计职业道德建设与会计法执法检查相结合 5. 会计职业道德建设与会计人员表彰奖励制度相结合 【注意】《会计法》规定："对认真执行本法，忠于职守，坚持原则，做出显著成绩的会计人员，给予精神的或者物质的奖励。"(判断)
	行业自律	
	社会各界齐抓共管	
会计职业道德的检查与奖惩	财政部门监督检查	主要措施有： 1. 执法检查与会计职业道德检查相结合 2. 会计从业资格证书注册登记和年检与会计职业道德检查相结合 3. 会计专业技术资格考评、聘用与会计职业道德检查相结合 4. 与会计人员表彰奖励制度相结合
	会计行业组织的自律管理与约束	会计行业组织有中国注册会计师协会、中国会计学会，要建立健全会计人员行业自律管理制度，是政府对会计人员进行宏观管理的必要补充
	激励机制的建立	对会计人员遵守职业道德情况进行考核和奖惩，建立和完善激励机制

例题解析

【真题 1】会计职业道德建设既是一项基础性工作，也是一项复杂的社会系统工程。(　　)

【答案】√。

【真题 2】会计职业道德规范中的"坚持准则"就是要求会计人员在处理业务过程中，严格按照会计准则办事。(　　)

【答案】×。

【解析】坚持准则要求会计人员熟悉国家法律、法规和国家统一的会计制度，始终坚持按法律、法规和国家统一的会计制度的要求进行会计核算，实施会计监督。

【真题 3】会计职业道德警示教育是指通过对违反会计职业道德行为和违法会计行为典型案例进行讨论和剖析，从中得到警示，增强法律意识、会计职业道德观念和辨别是非能力的一种教育。(　　)

【答案】√。

【真题4】会计法律制度是会计职业道德的最低要求。(　　)

【答案】√。

【真题5】为加强会计职业道德建设，财政部门可以采取的措施有(　　)。

A. 组织开展《会计法》执法检查

B. 将会计职业道德的内容全部予以法律化

C. 采取多种形式组织开展会计职业道德宣传教育

D. 将会计职业道德建设与会计从业人员管理相结合

【答案】ACD。

【解析】财政部门可以将会计职业道德中的核心重要内容予以法律化，而不是全部法律化。

【真题6】搞好会计职业道德建设的关键在于(　　)。

A. 加强和改善会计职业道德建设的组织和领导

B. 制定完善的会计法律体系

C. 对违反会计职业道德的行为进行严厉制裁

D. 社会舆论监督，形成良好的社会氛围

【答案】A。

【解析】搞好会计职业道德建设的关键在于加强和改善会计职业道德建设的组织和领导。

【真题7】会计职业道德的检查与奖惩内容包括财政部门对会计职业道德进行监督检查。(　　)

【答案】√。

【真题8】在经济活动中，经常发生没有违反会计法律制度，但违反会计职业道德的行为。(　　)

【答案】√。

【真题9】"对认真执行本法，忠于职守，坚持原则，做出显著成绩的会计人员，给予精神的或者物质的奖励"，作出这一规定的会计法律规范是(　　)。

A.《会计法》　　B.《会计基础工作规范》

C.《注册会计师法》　　D.《会计从业资格管理办法》

【答案】A。

【解析】《会计法》规定："对认真执行本法，忠于职守，坚持原则，做出显著成绩的会计人员，给予精神的或者物质的奖励。"

【真题10】下列各项中，会计职业道德检查与奖惩的意义不包括(　　)。

A. 促使会计人员遵守职业道德规范　　B. 提高会计人员职业素养的内在要求

C. 形成抑恶扬善的社会环境　　D. 深刻的教育作用

【答案】B。

【解析】选项B，是会计职业道德的作用。

二、本章同步训练

一、单项选择题

1. 会计人员对于工作中知悉的商业秘密应依法保守，不得泄露，这是会计职业道德中(　　)的具体体现。

A. 爱岗敬业　　B. 诚实守信　　C. 办事公道　　D. 奉献社会

2. 公司为了扩大销售，拟向客户支付5万元的回扣，销售人员持公司总经理的批示到财务部要求支取该笔款项。财务部经理刘某认为该项支出不符合有关规定，但考虑到公司总经理作了同意的批示，且支付金额在其批准的额度内，便支付了该款项。则刘某的以上行为违背了(　　)的会计职业道德规范要求。

A. 诚实守信　　B. 坚持准则　　C. 参与管理　　D. 强化服务

3. 会计人员公私分明、不贪不占、遵纪守法、清正廉洁，并成为一种自觉的行为。这是会计职业道德(　　)的要求。

A. 诚实守信　　B. 客观公正　　C. 坚持准则　　D. 廉洁自律

4. (　　)是会计人员必须具备的品德，是会计职业道德的灵魂。

A. 不做假账　　B. 客观公正　　C. 不偏不倚　　D. 搞好服务

5. 会计人员整天和钱打交道，经常会受到钱财的诱惑，没有“理万金分文不沾”的道德品质和高尚情操是不行的。它体现了会计人员必须具有(　　)的职业道德。

A. 提高技能　　B. 诚信为本　　C. 廉洁自律　　D. 不贪不占

6. 所谓职业道德，就是同人们的职业活动紧密联系的符合职业特点所要求的(　　)。

A. 道德准则、道德情操和道德品质的总和

B. 道德准则、道德情操和职业习惯的总和

C. 道德准则、道德品质和职业要求的总和

D. 职业习惯、职业纪律和职业原则的总和

7. 真心实意，实事求是，不虚假，不欺诈，遵守承诺，讲究信用，注重信誉。这是会计职业道德中(　　)的具体体现。

A. 爱岗敬业　　B. 诚实守信　　C. 坚持准则　　D. 客观公正

8. 社会主义道德的核心是(　　)。

A. 为人民服务　　B. 敬业奉献　　C. 自由、平等　　D. 勤俭自强

9. 会计人员看人办事：“官大办得快，官小办得慢，无官拖着办。”这一现象违反了(　　)的会计职业道德规范的要求。

A. 强化服务　　B. 诚实守信　　C. 参与管理　　D. 提高技能

10. 会计职业道德警示教育的主要形式是(　　)。

A. 理论教育与课堂教授　　B. 典型案例讨论

C. 理论教育与自我教育　　D. 实际情况讨论和分析

11. 职业道德产生的直接原因是(　　)。

A. 政治需求　　B. 经济发展　　C. 社会分工　　D. 生产力的要求

12. 会计职业道德教育有各种途径，但具有基础性地位的是(　　)。

A. 会计继续教育　　B. 会计自我教育

C. 会计学历教育　　D. 会计职业荣誉教育

13. 我国《公民道德建设实施纲要》提出了职业道德的基本内容，其中，职业道德的基础是(　　)。

A. 爱岗敬业　　B. 诚实守信　　C. 办事公道　　D. 服务群众

14. 下列属于会计职业道德教育的核心内容并贯穿始终的是(　　)。

A. 会计职业道德观念教育　　B. 会计职业道德警示教育

C. 会计职业道德规范教育　　D. 会计专业知识、技能教育

15. 中国现代会计学之父潘序伦先生倡导："信以立志，信以守身，信以处事，信以待人，毋忘'立信'，当必有成。"这句话体现的会计职业道德内容是(　　)。

A. 参与管理　　B. 诚实守信　　C. 廉洁自律　　D. 客观公正

16. 广义的职业道德是指从业人员在职业活动中应该遵循的(　　)。

A. 工作纪律　　B. 行为方式　　C. 基本制度　　D. 行为准则

17. 会计人员在处理业务过程中，要严格按照会计法律制度办事，不为主观或他人意志左右，这体现了会计职业道德中(　　)的要求。

A. 客观公正　　B. 坚持准则　　C. 廉洁自律　　D. 诚实守信

18. "坚持好制度胜于做坏事，制度大于天，人情薄如烟"，这句话体现的会计职业道德规范是(　　)。

A. 客观公正　　B. 坚持准则　　C. 强化服务　　D. 廉洁自律

19. 会计职业道德规范"诚实守信"的基本要求中，侧重于对注册会计师提出的要求是(　　)。

A. 保守秘密，不为利益所诱惑　　B. 公私分明，不贪不占

C. 做老实人，说老实话，办老实事　　D. 执业谨慎，信誉至上

20. 会计人员在做好本职工作的同时，努力钻研相关业务，全面熟悉本单位经营活动和业务流程，积极主动地就单位经营管理中存在的问题提出合理化建议，协助领导决策，这体现了会计职业道德中(　　)的要求。

A. 爱岗敬业　　B. 提高技能　　C. 参与管理　　D. 坚持准则

21. 判断会计从业人员是否具有职业道德的首要标准是(　　)。

A. 客观公正　　B. 诚实守信　　C. 坚持准则　　D. 爱岗敬业

22. 在现实社会中，会计职业道德准则和会计法律制度的关系是(　　)。

A. 二者是相互联系的　　B. 二者是相互排斥的

C. 二者完全等同的　　　　　　　　　　D. 二者相互制约的

23. 下列不属于会计职业道德自我教育内容的是(　　)。

A. 会计职业义务教育　　　　　　　　B. 会计职业荣誉教育

C. 会计职业情操教育　　　　　　　　D. 会计职业法制教育

24. 对会计职业道德进行监督检查的部门主要是(　　)。

A. 工商行政管理部门　　　　　　　　B. 会计行业组织

C. 单位监察部门　　　　　　　　　　D. 财政部门

25. 会计人员经常对自己所做的会计工作进行自我批评、自我解剖，认真找出自己的缺点、差距，并通过主观努力来加以改正。这种自我教育的方法属于(　　)。

A. 自我解剖法　　B. 自重自省法　　C. 自警自励法　　D. 自律慎独法

26. 遵守会计法律，是对会计从业人员行为的(　　)要求。

A. 最高层次　　B. 最低限度　　C. 最高标准　　D. 社会实践

27. 会计职业道德体系的核心是(　　)。

A. 会计职业道德准则　　　　　　　　B. 会计职业道德规范

C. 会计职业道德教育和修养　　　　　D. 会计职业道德评价和惩戒

28. 将职业道德认识、情感、信念转化为(　　)，是职业道德培养的根本目的。

A. 经济效益　　B. 利益　　C. 行动　　D. 习惯

29. 会计职业组织对发现违反会计职业道德规范的行为进行惩戒的方式中不包括(　　)。

A. 通报批评　　B. 参加继续教育　　C. 取消会员资格　　D. 处以罚金

30. 我国注册会计师行业的自律组织是(　　)。

A. 国务院财政部门　　　　　　　　B. 会计师事务所

C. 中国注册会计师协会　　　　　　D. 职业道德委员会

31. 会计人员“坚持准则”的核心是坚持(　　)。

A. 会计法律　　B. 会计准则　　C. 审计准则　　D. 税收制度

32. 会计人员应保守本单位的商业秘密，这是(　　)职业道德规范的要求。

A. 诚实守信　　B. 廉洁自律　　C. 客观公正　　D. 坚持准则

33. 会计人员“参与管理”的行为规范中，不正确的是(　　)。

A. 直接参加管理活动　　　　　　　　B. 间接参加管理活动

C. 为管理活动服务　　　　　　　　　D. 为管理者当参谋

34. 在会计职业道德规范体系中处于最高层次的是(　　)。

A. 会计职业道德基本原则　　　　　　B. 会计职业道德基本规范

C. 会计职业道德行为指南　　　　　　D. 会计职业道德法制教育

35. (　　)是会计职业道德的最高阶段，也是职业道德建设的最终目标。

A. 实践　　B. 自律　　C. 慎独　　D. 他律

36. 会计职业道德修养的基本途径是(　　)。

A. 慎独精神　　B. 职业道德评价　　C. 社会实践活动　　D. 勤于学习

37. (　　)是会计人员遵守会计职业道德的根本。

A. 爱岗　　B. 敬业　　C. 廉洁　　D. 诚信

38. 建立激励机制，对会计人员遵守职业道德情况进行考核和奖惩的主要依据是(　　)。

A. 会计职业道德准则和规范　　B.《会计法》等法律、法规

C. 单位内部工作纪律　　D. 会计行业组织有关规定

39. 在我国，组织和推动会计职业道德建设，并对相关工作依法行政的机构是(　　)。

A. 工商行政管理部门　　B. 财政部门

C. 会计行业组织　　D. 其他机构

40. 刘某大学毕业后从事会计工作，自认为在大学所学知识足以应付本职工作，故平时疏于钻研业务，也不加强学习，致使工作中差错不断。刘某的行为违背了会计职业道德规范中(　　)的要求。

A. 提高技能　　B. 客观公正　　C. 坚持准则　　D. 强化服务

41. 会计人员违反职业道德情节严重的应吊销会计从业资格证书，下列不属于法定情形的是(　　)。

A. 私设会计账簿的

B. 经常迟到、早退，工作不认真的

C. 随意变更会计处理方法的

D. 未按规定保管会计资料，致使会计资料损毁、灭失的

42. 会计人员要勤学苦练，不断进取，这是会计职业道德规范中(　　)的基本要求。

A. 客观公正　　B. 提高技能　　C. 廉洁自律　　D. 爱岗敬业

43. 在会计职业道德的主要内容中，(　　)体现了做人的基本准则，也是公民道德规范的主要内容。

A. 诚实守信　　B. 强化服务　　C. 坚持准则　　D. 参与管理

44. 遵纪守法、尽职尽责、树立正确的价值观和人生观，这是会计人员遵守何种职业道德的基本要求(　　)。

A. 爱岗敬业　　B. 廉洁自律　　C. 诚实守信　　D. 客观公正

45. 道德的本质是(　　)。

A. 人主观自生的

B. 天的意志

C. 所有统治阶级意志的反映

D. 由一定社会的经济基础所决定的社会意识形态

46. 会计人员端正态度、依法办事，在处理涉及各方利益的会计事务时，不为他人所左右、不因个人好恶而取舍，实事求是，不偏不倚，保持应有的独立性，这是会计职业道德中(　　)的要求。

A. 诚实守信　　B. 客观公正　　C. 提高技能　　D. 坚持准则

47. 职业道德是同职业联系在一起的，它的形成和发展是由于出现了(　　)。

A. 劳动分工　　B. 社会分工　　C. 职业分工　　D. 专业分工

48. 会计职业道德评价的对象是会计人员的(　　)。

A. 职业素养　　B. 职业技术　　C. 职业道德　　D. 职业行为

49. 会计职业道德修养主要表现为个人的(　　)。

A. 改造活动　　B. 教育活动　　C. 思想意识活动　　D. 提高活动

50. 培养会计人员的职业道德品质，要从会计道德认识、情操、意志、信念和习惯等方面进行，这决定了会计职业道德教育具有的(　　)。

A. 顺序性　　B. 时代性　　C. 全方位性　　D. 主观性

51. 会计人员继续教育中，最基础的会计职业道德教育是(　　)。

A. 法制教育　　B. 形势教育　　C. 自我教育　　D. 品德教育

52. 会计职业道德的内在教育是(　　)。

A. 接受教育　　B. 自我教育　　C. 社会教育　　D. 广播教育

53. 会计人员(　　)就是爱惜自己的行业声誉。

A. 廉洁自律　　B. 办事公正　　C. 诚实守信　　D. 尽职尽责

二、多项选择题

1. 会计职业道德中强化服务规范对会计人员的要求包括(　　)。

A. 树立服务意识　　B. 提高服务质量

C. 保持应有谨慎性　　D. 努力维护和提升会计职业的良好形象

2. 关于会计职业道德的作用，下列表述中正确的有(　　)。

A. 会计职业道德是对会计法律制度的重要补充

B. 会计职业道德是规范会计行为的基础

C. 会计职业道德是会计核算质量的重要保证

D. 会计职业道德是提高会计人员自身素质的首要条件

3. 张某忠于职守，尽心尽力，并且刻苦钻研业务，积极提供合理化建议，体现了他具有(　　)的会计职业道德。

A. 爱岗敬业　　B. 客观公正　　C. 提高技能　　D. 参与管理

4. 会计人员违反职业道德，可能会受到(　　)的处罚。

A. 所在单位　　B. 行业协会　　C. 财政部门　　D. 业务主管部门

5. 会计职业道德修养的环节包括(　　)。

A. 树立坚定的会计职业道德信念　　B. 形成正确的会计职业道德认知

C. 培养高尚的会计职业道德情感　　D. 养成良好的会计职业道德行为

6. 会计职业道德自我教育的方法包括(　　)。

A. 自我解剖法　　B. 自警自励法　　C. 自律慎独法　　D. 自重自省法

7. 会计职业道德是指(　　)的职业行为准则和规范。

A. 国家制定或认可　　B. 会计职业活动中应当遵守

C. 体现会计职业特征　　　　　　D. 调整会计职业关系

8. 会计职业道德的特征主要体现在(　　)。

A. 自觉性与强制性相结合　　　　B. 会计活动与社会公众利益密切相关

C. 时效性与程序性相结合　　　　D. 公正性和独立性相结合

9. 会计职业道德体系的框架结构与基本内容主要由(　　)构成。

A. 会计职业道德准则和规范　　　B. 会计行政法规和部门规章

C. 会计职业道德教育和修养　　　D. 会计职业道德评价和惩戒规范

10. 下列有关会计职业道德建设组织与实施的说法，正确的有(　　)。

A. 财政部门组织和推动会计职业道德建设

B. 会计职业组织建立行业自律机制

C. 社会各界各尽其责，相互配合，齐抓共管

D. 社会舆论监督，形成良好的社会氛围

11. 爱岗敬业应做到忠于职守，忠于职守的内涵体现在(　　)。

A. 忠实于国家　　　　　　　　B. 忠实于服务对象

C. 忠实于社会公众　　　　　　D. 忠实于单位领导

12. 下列选项中，体现会计职业道德“爱岗敬业”要求的有(　　)。

A. 工作尽职尽责　　　　　　　B. 工作一丝不苟

C. 工作兢兢业业　　　　　　　D. 工作精益求精

13. 会计职业道德规范中的强化服务，是要求会计人员具有(　　)。

A. 强烈的服务意识　　　　　　B. 崇高的服务目标

C. 文明的服务态度　　　　　　D. 优良的服务质量

14. 下列各项中，符合会计职业道德规范中“参与管理”要求的有(　　)。

A. 对企业财务报告进行综合分析，并提交风险预警报告

B. 参加公司重大投资项目的可行性研究分析

C. 分析坏账形成的原因，提出加强授信管理、加快货款回收建议

D. 分析现金流量状况，查找存在的问题，提出改进措施

15. 会计职业道德教育形式的接受教育是对会计人员进行以(　　)为核心的正面教育。

A. 职业责任　　　B. 职业权利　　　C. 职业技能　　　D. 职业义务

16. 会计职业道德教育形式的自我教育是会计人员(　　)的行为活动。

A. 自我学习　　　B. 自身道德修养　　　C. 自我完善　　　D. 自我发展

17. 参与管理与强化服务的关系是(　　)。

A. 参与管理是强化服务的一种表现形式

B. 强化服务有利于参与管理

C. 不参与管理，也完全可以提高服务水平和质量

D. 不强化服务，就难以保持参与管理的热情和动力

18. 提高技能既是会计职业道德的基本要求，也是会计人员胜任本职工作的重要条件。

下列各项中，属于会计技能的内容有(　　)。

A. 会计理论水平　　B. 会计实务能力　　C. 职业判断能力　　D. 沟通交流能力

19. 下列属于会计职业道德基本原则的有(　　)。

A. 为民理财原则　　B. 诚实守信原则　　C. 廉洁公正原则　　D. 集体主义原则

20. 会计职业道德评价的方法主要通过(　　)来进行。

A. 社会舆论　　B. 传统习俗　　C. 内心信念　　D. 考核评比

21. 会计职业道德规范的实施途径主要有(　　)。

A. 自我修养与外部监督相结合　　B. 宣传教育与检查惩戒相结合

C. 行业自律与政府监督相结合　　D. 道德规范与法律监管相结合

22. 为加强会计职业道德建设，财政部门可以采取的措施有(　　)。

A. 组织开展《会计法》执法检查

B. 将会计职业道德的内容全部予以法律化

C. 采取多种形式组织开展会计职业道德宣传教育

D. 将会计职业道德建设与会计从业人员管理相结合

23. 某企业员工在讨论职业道德时提出的下列观点中，正确的有(　　)。

A. 社会分工形成各种不同的职业是职业道德产生的必要条件

B. 职业道德是从业人员对社会所应承担的道德责任和义务

C. 职业道德主要解决职业生活中的具体道德冲突

D. 职业道德由社会经济关系所决定

24. 开展会计职业道德教育活动的意义在于(　　)。

A. 培养会计职业道德情感　　B. 树立会计职业道德观念

C. 提高会计职业道德水平　　D. 促使会计职业健康发展

25. 道德的职能有(　　)。

A. 调节职能　　B. 教育职能　　C. 强制职能　　D. 认识职能

26. 下列有关会计职业道德"廉洁自律"的表述中，正确的有(　　)。

A. 自律的核心就是自觉抵制自己的不良欲望

B. 廉洁自律是会计职业道德的内在要求

C. 只有自身廉洁自律，才能抑制他人的不法行为

D. 不能做到廉洁自律，也就很难做到客观公正和坚持准则

27. 会计职业道德的功能有(　　)。

A. 强制功能　　B. 指导功能　　C. 教化功能　　D. 评价功能

三、判断题

1. 会计职业道德与会计法律制度具有相同的调整对象，但目标不同。(　　)

2. 在会计工作中一定要提供上乘的服务质量，不管服务主体提供什么样的要求，会计人员都要尽量满足服务主体的需要。(　　)

3. 培养高尚的会计职业道德情感是会计职业道德修养的环节之一。(　　)

4. 会计人员陈某认为，会计工作只是记记账、算算账，与单位经营决策关系不大，没有必要要求会计人员“参加管理”。陈某的观点是正确的。(　　)

5. 诚实守信是会计人员在职业活动中做到客观公正、坚持准则的基础，是参与管理的前提。(　　)

6. 坚持准则指的就是坚持会计准则。(　　)

7. 会计人员不钻研业务，不加强新知识的学习，造成工作上的差错，缺乏胜任工作的能力。这是一种既违反会计职业道德，又违反会计法律制度的行为。(　　)

8. 会计法律制度是促进会计职业道德规范形成和遵守的制度保障。(　　)

9. 对认真执行《中华人民共和国会计法》，忠于职守，坚持原则，做出显著成绩的会计人员，应给予精神的或者物质的奖励。(　　)

10. 会计人员违反会计职业道德，情节严重的，由工商部门吊销其会计从业资格证书。(　　)

11. “会计人员应当遵守职业道德，提高业务素质”这是我国首次在《中华人民共和国会计法》中以国家法律的形式对会计职业道德所作的具体规定。(　　)

12. 会计职业道德首先是调整社会人际关系的行为规范的总和。(　　)

13. 职业道德是职业活动对职业行为的道德要求，与职业活动的要求密切相关。(　　)

14. 会计职业道德具有一定的强制性。(　　)

15. 会计职业道德是会计核算质量的保证，是履行会计监督职能的前提。(　　)

16. 会计人员是会计工作的主体，其职业道德水准和敬业精神，将直接影响单位的会计信息质量。(　　)

17. 违反《中华人民共和国会计法》的行为，同时也一定是违反了会计职业道德要求的行为。(　　)

18. 会计职业道德与会计法律制度的作用范围不同，会计职业道德只调整会计人员内在的精神世界。(　　)

19. 会计职业道德既有国家法律相应要求，又要求会计人员自觉遵守。(　　)

20. 会计人员继续教育是指会计人员在完成某一阶段专业学习后，重新接受一定形式的、有组织的知识更新和培训活动。(　　)

21. 当单位利益与社会公众利益发生冲突时，会计人员应该首先维护社会公众利益。(　　)

22. 会计职业道德教育要取得成效，不能脱离自我教育。(　　)

23. 加强理论学习是提高会计职业道德修养的根本途径。(　　)

24. 单位负责人应支持并督促会计人员遵守会计职业道德，依法开展会计工作。(　　)

25. 违反会计职业道德必将受到法律惩戒。(　　)

26. 会计职业强化服务的结果，就是奉献社会。(　　)

27. 会计职业道德只具有很强的他律性。(　　)

28. 会计职业道德是一种职业规范，应由会计行业组织对不遵守会计职业道德的会计人员(会员)进行惩戒，其他部门和单位不宜处理。(　　)

29. 会计行业的自律机制和会计职业道德惩戒制度是由财政部门组织建立的。(　　)

30. 将会计执法检查与会计职业道德检查相结合是财政部门对会计职业道德进行监督检查的途径之一。(　　)

31. 变造、伪造会计资料，提供虚假财务会计报告，违反了《公民道德建设实施纲要》的规范。(　　)

32. 实事求是，不偏不倚体现的是会计职业道德规范的“诚实守信”的要求。(　　)

33. 会计人员遵循参与管理的职业道德规范，就是要积极主动参与到企业管理工作中，对企业经营活动作出决策。(　　)

34. 职业道德的主要内容有职业道德认识、情感、意识、信念和行为习惯等。(　　)

35. 社会价值与自我价值相统一，是会计职业道德的基本取向。(　　)

36. 奉献社会既是职业道德的出发点，又是职业道德的归宿。(　　)

37. 在我国会计职业道德建设的主管部门是会计师事务所。(　　)

38. 会计职业道德的检查与奖惩内容包括财政部门对会计职业道德进行监督检查。(　　)

39. 在经济活动中。经常发生没有违反会计法律制度。但违反会计职业道德的行为。(　　)

40. 会计职业道德行为规范是职业道德在会计职业行为和会计职业活动中的具体体现。(　　)

41. 通过会计职业道德警示教育，可以提高会计人员的法律意识和会计职业道德观念，提高会计人员辨别是非的能力。(　　)

42. 会计职业道德与会计法律制度有着共同的目标、相同的调整对象、承担着共同的职责，但其地位不能互相转化。(　　)

43. 强化服务的关键是提高服务质量。(　　)

44. 违反会计职业道德的行为，同时就违反了会计法律制度。(　　)

45. 会计职业道德与会计法律制度作为社会规范，均属于会计人员行为规范的范畴，两者既有联系，也有区别。(　　)

46. 在会计职业道德规范中，坚持准则的基本要求是熟悉准则、遵循准则和坚持准则。(　　)

47. 会计职业道德教育的主要形式包括接受教育和自我教育。(　　)

48. 社会实践是会计职业道德自我教育与修养的根本途径。(　　)

49. 会计职业道德具有广泛的社会性。(　　)

50. 会计职业道德对会计人员的行为仅产生约束作用，主要还是依靠社会舆论和会计从业人员的自觉性。(　　)

51. 商品经济和社会分工的存在，是职业道德产生和存在的前提和基础。(　　)

52. 会计职业道德修养是指会计人员在会计职业活动中，按照会计职业道德的基本要求，在自身道德品质方面进行的自我教育、自我改造、自我锻炼、自我提高。从而达到一

定的职业道德境界。(　　)

53. 会计职业道德允许个人和各经济主体获取合法的自身利益。(　　)

54. 会计职业道德建设是会计管理工作的重要组成部分，因此，各级审计部门应负起组织和推动本地区会计职业道德建设的责任。(　　)

55. 法律惩罚和道德惩罚两者是并行不悖、不可替代的，应同时并举。(　　)

四、不定项选择

1. 李某是某单位的出纳，多年来在工作上一直认真工作，未出现任何差错。一天，李某的朋友刘某来找李某商量，说现在股市很好，她在股市上赚了不少钱，现在她看好了某只股票，如果能投入更多资金的话，一定能赚更多的钱。刘某对李某说，如果李某单位有暂时结余不用的钱的话，可以想办法从单位上先拿出来进行炒股，等赚了后，再将钱归还给单位，这样单位既不会发现，自己又能赚到钱。李某想想，正好单位有一笔资金目前尚不会马上使用，如果将这一笔钱先拿来炒股，等赚了后再将钱归还给单位，这样单位既不会遭受损失，自己又能赚到钱。于是，李某就想办法将单位这笔钱拿出来交给刘某进行炒股。过了一段时间，刘某炒股果然赚了不少钱，并把李某从单位拿出来的钱还给了李某，还按照 5 : 5 的比例将赚的钱分给李某。李某将从单位拿出来炒股的钱及时归还给单位。但是，李某的行为在审计中被发现，并受到相应的处罚。

要求：根据上述材料，回答下列问题。

(1) 会计职业道德教育具有什么样的意义(　　)。

A. 有利于提高会计职业道德

B. 有利于树立会计职业道德信念

C. 有利于培养会计从业人员奉献社会的信念

D. 有利于培养会计人员的技能

(2) 符合财政部门对会计职业道德监督要求的是(　　)。

A. 将会计执法检查与会计职业道德检查相结合进行监督检查

B. 将会计从业资格证书注册登记管理与会计职业道德的检查相结合进行监督检查

C. 将会计人员违反会计职业道德，情节严重的，由财政部门吊销会计从业资格证书相结合进行监督检查

D. 将会计专业技术资格考评、聘用与会计职业道德相结合进行监督检查

(3) 会计职业道德教育的主要内容是(　　)。

A. 会计职业道德观念教育　　B. 会计职业道德规范教育

C. 会计职业道德警示教育　　D. 其他与会计职业道德相关的教育

(4) 诚实守信的基本要求有(　　)。

A. 保密守信，不为利益所诱惑　　B. 职业谨慎，信誉至上

C. 不弄虚作假，不欺上瞒下　　D. 办事公道，服务群众

(5) 上述行为违反了哪些会计职业道德规范要求？(　　)

A. 诚实守信　　　　B. 坚持准则　　　　C. 廉洁自律　　　　D. 爱岗敬业

2. H公司是一家上市公司，近年由于公司经营决策失误，导致公司年年亏损。为此，总经理十分着急，采取了多种措施，但是仍无法扭转公司继续亏损的局面。于是总经理要求公司财务经理想办法对公司会计报表进行所谓的“技术处理”，把公司的亏损做成盈利。公司财务经理认为，现在公司正面临困境，这样做也是为了整个公司的利益，而不是为了个人利益。于是，公司财务部门便通过虚增收入、隐瞒费用和少列支出，对公司的会计报表进行了技术处理，使公司由亏损变为盈利。

请根据上述资料回答下列问题：

(1) H企业会计人员违反了哪些会计职业道德规范(　　)。

A. 客观公正　　　　B. 坚持准则　　　　C. 诚实守信　　　　D. 参与管理

(2) 上述哪些违反了《会计法》的规定(　　)。

A. 虚增收费，少列支出，隐瞒费用

B. 总经理授意，指使他人编制虚假财务会计报告

C. 隐匿真实的财务会计报告

D. 会计人员应总经理的指示调整公司会计报表，进行人为技术处理

(3) H公司的总经理认为对财务数据信息调整，是财务人员所为，他不应承担法律责任，这种说法是否正确？H公司的会计人员认为对财务数据进行调整是单位领导的要求，他只是按照领导的要求办事，尽管他工作有错误，但是财政部门不应吊销其会计从业资格证书。这种说法是否正确(　　)。

A. 正确，正确　　　　B. 正确，错误　　　　C. 错误，正确　　　　D. 错误，错误

(4) 下列违反国家统一会计制度可能承担的法律责任正确的是(　　)。

A.《会计法》规定，违反国家统一的会计制度行为的，由县级以上人民政府财政部门责令限期改正，可以对单位并处三千元以上五万元以下的罚款

B. 构成犯罪的，依法追究刑事责任，对情节严重的会计人员，由县级以上人民政府财政部门吊销会计从业资格证书

C. 对其直接负责的主管人员和其他责任人员，可以处两千元以上两万元以下的罚款

D. 属于国家工作人员的，还应当由其所在单位或者有关单位依法给予行政处分。

(5) 违反会计法律制度应承担的法律责任正确的有(　　)。

A. 授意、指使、强令会计机构、会计人员及其他人员伪造、编造会计凭证、会计账簿，编制虚假财务会计报告或者隐匿、故意销毁依法应当保存的会计凭证、会计账簿、财务会计报告，构成犯罪的，依法追究其刑事责任。

B. 尚不构成犯罪的，可以处五千元以上五万元以下的罚款

C. 会计人员参与技术处理财务会计报告构成犯罪的依法追究刑事责任

D. 会计人员参与技术处理财务会计报告尚不构成犯罪的，由县级以上人民政府财政部门予以通报，可以对单位并处五千元以上十万元以下的罚款；对其直接负责的主管人员和其他直接责任人员，可以处三千元以上五万元以下的罚款

3. 2012年3月，某商业银行按照财政部要求，决定在全行系统展开《会计法》执行情况检查。在检查中发现该银行下属支行行长李某、副行长胡某、财会科长罗某利用联行清算系统存在的漏洞，将C支行的资金划转到有李某等人控制的D企业名下，再从D企业的银行账户划转到境外由李某等人控制的公司账户。C支行负责清算业务的会计张某早就知道C支行几年来在联行系统中存在很不正常的巨额汇差，怀疑与李某等人有关，但考虑到李某是自己的直接领导，摄于李某的地位和权威，认为多一事不如少一事，便没有声张，听之任之，直至案发。

(1) 下列关于会计职业道德作用的表述中，正确的有(　　)。

A. 会计职业道德是实现会计目标的重要保证

B. 会计职业道德是规范会计行为的基础

C. 会计职业道德是对会计法律制度的重要补充

D. 会计职业道德是提高会计人员素质的外在要求

(2) 会计张某的行为违反下列会计职业道德要求的有(　　)。

A. 张某的行为违背了廉洁自律的会计职业道德要求

B. 张某的行为违背了强化服务的会计职业道德要求

C. 张某的行为违背了坚持准则的会计职业道德要求

D. 张某的行为违背了客观公正的会计职业道德要求

(3) 公私分明、不贪不占体现的是(　　)的会计职业道德规范。

A. 客观公正　　B. 坚持准则　　C. 廉洁自律　　D. 诚实守信

(4) 会计人员运用会计知识理论为单位决策层、政府部门、投资人等提供真实、可靠的会计信息体现的是(　　)的会计职业道德规范。

A. 参与管理　　B. 诚实守信　　C. 提高技能　　D. 强化服务

(5) 下列关于会计职业道德规范的表述中不正确的是(　　)。

A. 爱岗敬业是会计职业道德的基础

B. 诚实守信是会计职业道德的内在要求

C. 廉洁自律是会计职业道德的精髓

D. 客观公正是会计职业道德的理想目标

4. 某公司因技术改造，资金周转困难，需要向银行贷款3000万元。公司总经理找来财务主管李某，说："现在公司资金紧张，急需向银行贷款，提供给银行的会计报表一定要漂亮点，请你负责技术处理一下。"李某开始感到很为难，心想，自己是公司财务总主管，对公司的财务状况和偿债能力十分清楚，做这种"技术"处理是很危险的。在总经理的反复"开导"下，李某认为，公司领导对他十分照顾，自己目前的职位就是总经理提拔的，并加了薪，现在公司有难处，应该知恩图报，况且自己身为会计师，做一些"技术"处理应该不会有太多的难点。于是编制了一份漂亮的会计报告，获得银行汇票贷款3000万元。

根据题意回答下列问题

(1) 会计职业道德观念教育，应包括的内容有(　　)。

A. 普及会计职业道德基础知识，是会计职业道德教育的基础

B. 通过宣传教育，使广大会计人员了解会计职业道德知识，树立会计职业道德观念

C. 违反会计职业道德，将受到惩戒和处罚

D. 爱岗敬业、实守信、廉洁自律、客观公正、坚持准则、提供技能、参与管强化服务

(2) 会计行为的规范化不仅要以会计法律规范作保障，还要依赖会计人员的(　　)来实现。

A. 会计法掌握的程度　　B. 会计知识的更新能力

C. 会计实务操作能力　　D. 道德信念和道德品质

(3) 作为会计主管李某，违背了(　　)要求。

A. 坚持准则　　B. 参与领导　　C. 爱岗敬业　　D. 诚实守信

(4) 诚实守信的基本要求是(　　)。

A. 做老实人，说老实话，办老实事　　B. 执业谨慎，信誉至上

C. 保密守信，不为利益所诱惑　　D. 不偏不倚，保持应有的独立性

(5) 坚持准则的基本要求有(　　)。

A. 熟悉准则　　B. 掌握准则　　C. 遵循准则　　D. 坚持准则

三、答案与解析

一、单项选择题

1. B【解析】诚实守信要求会计人员做老实人，说老实话，办老实事，执业谨慎，信誉至上，不为利益所诱惑，不弄虚作假，不泄露秘密。

2. B【解析】坚持准则要求会计人员熟悉国家法律、法规和国家统一的会计制度，始终坚持按法律、法规和国家统一的会计制度的要求进行会计核算，实施会计监督。向客户支付回扣不符合法律法规及国家统一的会计制度的规定，刘某没能依法实施会计监督，因此其行为违背了坚持准则的会计职业道德规范要求。

3. D【解析】会计职业道德中的廉洁自律要求会计人员公私分明、不贪不占、遵纪守法、清正廉洁。

4. B【解析】客观公正是会计人员必须具备的行为品德，是会计职业道德的灵魂。

5. C【解析】廉洁自律要求会计人员公私分明、不贪不占、遵纪守法、清正廉洁。“理万金分文不沾”正体现了廉洁自律的职业道德要求。

6. A【解析】所谓职业道德，就是同人们的职业活动紧密联系的符合职业特点所要求的道德准则、道德情操与道德品质的总和，它既是对本职人员在职业活动中行为的要求，同时又是职业对社会所负的道德责任与义务。

7. B【解析】诚实守信要求会计人员做老实人，说老实话，办老实事，执业谨慎，信誉

至上，不为利益所诱惑，不弄虚作假，不泄露秘密。

8. A【解析】为人民服务是社会主义道德的核心。

9. A【解析】强化服务要求会计人员树立服务意识，提高服务质量，努力维护和提升会计职业的良好社会形象。会计人员看人办事背离了会计工作服务性的特点，违背了强化服务的会计职业道德要求，损害了会计职业的良好社会形象。

10. B【解析】会计职业道德警示教育的主要形式是典型案例讨论和剖析。

11. C【解析】社会分工是职业道德产生的直接原因。

12. C【解析】会计学历教育在会计职业道德教育中具有基础性地位。

13. A【解析】爱岗敬业是职业道德的基础，是社会主义职业道德所倡导的首要规范。

14. C【解析】以爱岗敬业、诚实守信、廉洁自律、客观公正、坚持准则、提高技能、参与管理和强化服务为主要内容的会计职业道德规范教育是会计职业道德教育的核心内容，并贯穿于会计职业道德教育的始终。

15. D【解析】客观公正要求会计人员端正态度，依法办事，实事求是，不偏不倚，保持应有的独立性。“信以立志，信以守身，信以处事，信以待人，毋忘‘立信’，当必有成”这句话正体现了这一会计职业道德要求。

16. D【解析】广义的职业道德是指从业人员在职业活动中应该遵循的行为准则，涵盖了从业人员与服务对象、职业与职工、职业与职业之间的关系。

17. B【解析】坚持准则就是要求会计人员在处理业务过程中，要严格按照会计制度办事，不为主观或他人意志左右。

18. B【解析】题干中的话体现了坚持准则的会计职业道德规范。

19. D【解析】诚实守信要求会计人员做老实人，说老实话，办老实事，执业谨慎，信誉至上，不为利益所诱惑，不弄虚作假，不泄露秘密。注册会计师要做到诚实守信，就是要在职业活动中做到执业谨慎，信誉至上。

20. C【解析】参与管理要求会计人员在做好本职工作的同时，努力钻研相关业务，全面熟悉本单位经营活动和业务流程，主动提出合理化建议，协助领导决策，积极参与管理。

21. D【解析】爱岗敬业是判断会计从业人员是否具有职业道德的首要标准。

22. A【解析】会计职业道德准则和会计法律制度的关系是：二者相互联系、相互渗透、相互补充、相互促进。

23. D【解析】会计职业道德自我教育的内容包括：会计职业义务教育、会计职业情操教育和会计职业荣誉教育。

24. D【解析】对会计职业道德进行监督检查的部门主要是财政部门。

25. A【解析】自我解剖法，就是会计人员对自己所做的会计工作要进行自我批评、自我解剖，认真找出自己的缺点、差距，并通过主观努力来加以改正。

26. B【解析】遵守会计法律，是对会计从业人员行为的最低限度要求。

27. B【解析】会计职业道德规范是会计职业道德体系的核心。

28. C【解析】将职业道德认识、情感、信念转化为行动，是职业道德培养的根本目的。

29. D【解析】会计职业组织对发现违反会计职业道德规范的行为进行惩戒的方式是：根据情节轻重程度采取通报批评、罚款、支付费用、取消其会员资格、警告、退回向客户收取的费用、参加继续教育等方式。罚金属于刑罚措施。

30. C【解析】注册会计师协会是我国注册会计师行业的自律组织。

31. B【解析】会计人员职业道德规范中的“坚持准则”的核心坚持会计准则。

32. A【解析】诚实守信要求会计人员执业谨慎，信誉至上，不为利益所诱惑，不泄露秘密。

33. A【解析】参与管理就是参加管理活动，为管理者当参谋，为管理活动服务。会计工作的性质决定了会计在企业管理活动中，更多的是从事间接管理活动。

34. A【解析】会计职业道德基本原则在会计职业道德规范体系中处于最高层次。

35. B【解析】自律是会计职业道德建设的最终目标，也是会计职业道德的最高阶段。

36. D【解析】会计职业道德修养的基本途径是勤于学习。社会实践活动是其根本途径。

37. D【解析】诚信是会计职业道德的精髓，是会计人员遵守会计职业道德的根本。

38. B【解析】建立激励机制，对会计人员遵守职业道德情况进行考核和奖惩的主要依据是会计法律法规。

39. B【解析】财政部门组织和推动会计职业道德建设，依法行政，探索会计职业道德建设的有效途径和实现形式。

40. A【解析】提高技能要求会计人员增强提高专业技能的自觉性和紧迫感，勤学苦练，刻苦钻研，不断进取，提高业务水平。刘某的行为显然违背了这一要求。

41. B【解析】会计人员经常迟到早退，只是违背了职业道德，但程度较轻，还不属于吊销从业资格证书的法定情形。

42. B【解析】提高技能要求会计人员增强提高专业技能的自觉性和紧迫感，勤学苦练，刻苦钻研，不断进取，提高业务水平。

43. A【解析】诚实守信是做人的基本准则，是人们在古往今来的交往中产生的最根本的道德规范，也是公民道德规范的主要内容。

44. B【解析】廉洁自律的基本要求是：树立正确的人生观和价值观；公私分明，不贪不占；遵纪守法，尽职尽责。

45. D【解析】道德的本质是由一定社会的经济基础所决定的社会意识形态。

46. B【解析】客观公正要求会计人员端正态度，依法办事，实事求是，不偏不倚，保持应有的独立性。

47. C【解析】职业道德的形成和发展是由于出现了职业分工。职业分工是职业道德产生的必要条件。

48. D【解析】会计人员的职业行为是会计职业道德评价的对象。

49. C【解析】会计职业道德修养主要表现为个人的思想意识活动。

50. C【解析】培养会计人员的职业道德品质，要从会计道德认识、情操、意志、信念和习惯等方面进行，这决定了会计职业道德教育具有的全方位性。

51. D【解析】会计人员继续教育中，最基础的会计职业道德教育是品德教育。

52. B【解析】会计职业道德的内在教育是自我教育。

53. A【解析】会计人员廉洁自律就是爱惜自己的行业声誉。

二、多项选择题

1. ABD【解析】强化服务要求会计人员树立服务意识，提高服务质量，努力维护和提升会计职业的良好社会形象。

2. AB【解析】会计职业道德的作用有：①会计职业道德是规范会计行为的基础；②会计职业道德是实现会计目标的重要保证；③会计职业道德是对会计法律制度的重要补充。

3. ACD【解析】“忠于职守，尽心尽力”体现了他具有爱岗敬业的会计职业道德；“刻苦钻研业务”体现了他具有提高技能的会计职业道德；“积极提供合理化建议”体现了他具有参与管理的会计职业道德。

4. ABCD【解析】《会计基础工作规范》第24条规定，财政部门、业务主管部门和各单位应当定期检查会计人员职业道德的情况，并作为会计人员晋升、晋级、聘任专业职务，表彰奖励的重要考核依据。会计人员违反职业道德的，由所在单位进行处罚；情节严重的，由会计证(会计从业资格证书)发证机关吊销其会计证(会计从业资格证书)。此外，会计人员违反职业道德，还可能受到行业协会的惩戒。

5. ABCD【解析】会计职业道德修养的环节包括：(1)形成正确的会计职业道德认知；(2)培养高尚的会计职业道德情感；(3)树立坚定的会计职业道德信念；(4)养成良好的会计职业道德行为。

6. ABCD【解析】会计职业道德自我教育的方法包括：自我解剖法、自重自省法、自警自励法和自律慎独法。

7. BCD【解析】会计职业道德是指在会计职业活动中应当遵循的、体现会计职业特征的、调整会计职业关系的职业行为准则和规范。

8. ABC【解析】会计职业道德的特征主要体现在：自觉性与强制性相结合；时效性与程序性相结合；会计活动与社会公众利益密切相关。

9. ACD【解析】会计职业道德体系的框架结构与基本内容主要由会计职业道德准则和规范、会计职业道德教育和修养、会计职业道德评价和惩戒规范组成。

10. ABCD【解析】会计职业道德建设是一项复杂的系统工程，要抓好会计职业道德建设，关键在于加强和改善会计职业道德建设的组织和领导，并得到切实贯彻和实施。①财政部门组织和推动会计职业道德建设，依法行政，探索会计职业道德建设的有效途径和实现形式；②会计职业组织建立行业自律机制和会计职业道德惩戒制度；③企事业单位任用合格会计人员，开展会计人员职业道德教育，建立和完善内部控制制度，形成内部约束机制，防范舞弊和经营风险，支持并督促会计人员遵循会计职业道德，依法开展会计工作；④社会各界各尽其责，相互配合，齐抓共管；⑤社会舆论监督，形成良好的社会氛围。

11. ABC【解析】爱岗敬业要求会计人员做到忠于职守，这是指会计人员在工作中要忠实于国家、忠实于社会公众、忠实于服务对象，而不是依附于单位领导，为单位领导适从。

12. ABCD【解析】爱岗敬业要求会计人员热爱会计工作，安心本职岗位，忠于职守，尽心尽力，尽职尽责。对工作严肃认真，一丝不苟、兢兢业业，对技术精益求精。

13. ACD【解析】强化服务就是要求会计人员具有强烈的服务意识、文明的服务态度和优良的服务质量。

14. ABCD【解析】会计职业道德中的参与管理要求会计人员在做好本职工作的同时，努力钻研相关业务，全面熟悉本单位经营活动和业务流程，主动提出合理化建议，协助领导决策，积极参与管理。

15. AD【解析】接受教育是指通过学校或培训单位对会计人员进行以职业责任、职业义务为核心内容的正面灌输，以规范其职业行为，维护国家和社会公众利益的教育。

16. AB【解析】自我教育是会计人员自我学习、自身道德修养的行为活动。

17. ABD【解析】参与管理与强化服务的关系是：参与管理是强化服务的一种表现形式；强化服务有利于参与管理；不强化服务，就难以保持参与管理的热情和动力。

18. ABCD【解析】会计技能包括会计理论水平、会计实务能力、职业判断能力、提供会计信息的能力、沟通交流能力等。

19. ACD【解析】会计职业道德的基本原则包括：集体主义原则，廉洁公正原则，为民理财原则。诚实守信是会计职业道德规范的内容。

20. ABCD【解析】会计职业道德主要是依靠会计从业人员的自觉遵守，依靠传统习俗、社会舆论和内心信念来维系的。因此，会计职业道德评价的方法主要是通过社会舆论、传统习俗、内心信念以及考核评比来进行的。

21. ABCD【解析】会计职业道德规范的实施途径主要有：自我修养与外部监督相结合；宣传教育与检查惩戒相结合；行业自律与政府监督相结合；道德规范与法律监管相结合。

22. ACD【解析】财政部门可以将会计职业道德中的核心重要内容予以法律化，而不是全部法律化。

23. ABCD【解析】随着社会分工的需要产生的各种职业是职业道德产生的必要条件。职业道德是受社会经济关系决定的，随着社会经济关系的变化而改变。职业道德的行业性很强，主要解决职业生活中的具体道德冲突，不具有全社会普遍的适用性。职业道德是从业人员对社会所应承担的道德责任和义务。

24. ABCD【解析】开展会计职业道德教育活动的意义在于：培养会计职业道德情感；树立会计职业道德观念；提高会计职业道德水平；促使会计职业健康发展。

25. ABD【解析】道德具有调节、教育、认识等职能，不具有强制职能。

26. ABCD【解析】廉洁自律是会计职业道德的前提，也是会计职业道德的内在要求，这是会计工作的特点决定的。自律的核心就是用道德观念自觉地抵制自己的不良欲望。会计人员的廉洁是会计职业道德自律的基础，而自律是廉洁的保证。会计人员只有自身廉洁自律，才能抑制他人的不法行为；不能做到廉洁自律，也就很难做到客观公正和坚持准则。

27. BCD【解析】会计职业道德的功能包括指导功能、评价功能和教化功能。

三、判断题

1. ×【解析】本题考核会计职业道德与会计法律制度的关系。会计职业道德与会计法律制度有着共同的目标、相同的调整对象以及担负着同样的使命。

2. ×【解析】本题考核强化服务的相关内容，会计工作中提供上乘的服务质量，并非是无原则的满足服务主体的需要，而是在坚持原则、坚持准则的基础上尽量满足用户或服务主体的需要。

3. √

4. ×【解析】本题考核会计职业道德的内容。陈某的说法不正确，会计人员应当参与管理。

5. ×【解析】本题考核提高技能的相关内容。提高技能是会计人员在职业活动中做到客观公正、坚持准则的基础，是参与管理的前提。

6. ×【解析】本题考核坚持准则的含义。坚持准则，这里的“准则”不仅指会计准则，而且包括会计法律、法规、国家统一的会计制度以及与会计工作相关的法律制度。

7. ×【解析】本题考核违反会计职业道德和会计法律制度行为的判定。会计人员不钻研业务，不加强新知识的学习，造成工作上的差错，缺乏胜任工作的能力，这是违反会计职业道德的行为。

8. √【解析】本题考核会计职业道德与会计法律制度的关系。会计职业道德与会计法律制度在实施过程中相互作用，相互促进。会计职业道德是会计法律制度得以正常运行的社会基础和思想基础，而会计法律制度是促进会计职业道德规范形成和得以遵守的法律保障。

9. √【解析】本题考核会计职业道德的相关规定。题目的表述符合《会计法》的规定。

10. ×【解析】本题考核会计人员违反会计职业道德行为的责任。根据规定，会计人员违反会计职业道德，情节严重的，由财政部门吊销其会计从业资格证书。

11. √【解析】本题考核会计职业道德的内容。我国首次在《会计法》中以国家法律的形式对会计职业道德所作的具体规定是“会计人员应当遵守职业道德，提高业务素质”。

12. ×【解析】本题考核会计职业道德的内容。会计职业道德调整的是会计职业关系。

13. √【解析】本题考核职业道德的内容。职业道德是职业活动对职业行为的道德要求，与职业活动的要求密切相关。

14. √【解析】本题考核会计职业道德的特点。在我国，为了强化会计职业道德的调整职能，我国会计职业道德中的许多内容都被纳入了会计法律法规。如《会计法》《会计基础工作规范》等，均对会计职业道德的内容和要求作出了规定。因此，会计职业道德也体现了一定的强制性。

15. √

16. √

17. √【解析】本题考核会计职业道德与会计法律的关系。遵守会计法律是对会计从业人员行为的最低限度的要求，会计人员在行为上必须符合法律的规范。会计职业道德则是对会计人员行为最高标准的行为规范，是最高层次的要求。在会计职业活动的实践中，违反会计法规的行为必定违反会计职业道德，而违反会计职业道德的行为不一定违反会计法规。

18. ×【解析】本题考核会计职业道德的作用。会计职业道德不仅调整会计人员的外在行为，还要调整会计人员内在的精神世界。

19. √

20. √

21. √

22. √【解析】会计职业道德教育要取得成效，不能脱离自我教育。自我教育是会计职业道德的职能和社会作用得以顺利实现的重要环节。

23. ×【解析】提高会计职业道德修养的根本途径是参与社会实践活动。

24. √【解析】单位负责人负责单位内部的会计工作管理，应当保证会计机构会计人员依法履行职责，不得授意、指使、强令会计机构、会计人员违法办理会计事项，并且对单位的会计工作和会计资料的真实性、完整性负责。

25. ×【解析】违反会计职业道德并不必将受到法律制裁，有的可能只是受到舆论谴责、会计职业组织的批评等。

26. √

27. ×【解析】会计职业道德主要依靠会计从业人员的自觉性，具有很强的自律性。

28. ×【解析】财政部门依法行政，可以对违反会计职业道德的会计人员采取行政制裁措施，如罚款、吊销从业资格证书等。

29. ×【解析】会计行业的自律机制是由会计职业组织建立的。

30. √【解析】财政部门对会计职业道德进行监督检查。检查的途径主要有：①将会计法执法检查与会计职业道德检查相结合；②将会计从业资格证书注册登记管理与会计职业道德检查相结合；③将会计专业技术资格考评、聘用与会计职业道德检查相结合。

31. ×【解析】变造、伪造会计资料，提供虚假财务会计报告，违反的是《会计法》的规定。

32. ×【解析】实事求是、不偏不倚是体现会计职业道德规范中的客观公正要求。

33. ×【解析】参与管理要求会计人员积极主动地向单位领导反映本单位的财务、经营状况及存在的问题，主动提出合理化建议，积极地参与市场调研和预测，参与决策方案的制订和选择，参与决策的执行、检查和监督，为领导的经营管理和决策活动当好助手和参谋。作出决策的是单位领导。

34. √

35. √

36. √

37. ×【解析】会计职业道德建设的主管部门是财政部门。

38. √

39. √

40. √

41. √

42. ×【解析】本题考核会计职业道德与会计法律的关系。会计职业道德与会计法律制度有着共同的目标、相同的调整对象，承担着同样的职责，在作用上相互补充；在内容上相互渗透、相互重叠；在地位上相互转化、相互吸收；在实施上相互作用、相互促进。

43. √

44. ×【解析】本题考核会计职业道德与会计法律的关系。违反会计职业道德的行为，并不同时就违反了会计法律制度。如有的人在工作岗位上没有尽心尽力，有时开小差，这就违反了爱岗敬业的会计职业道德要求，但并不违反会计法律制度。

45. √

46. √

47. √

48. √

49. √【解析】本题考核会计职业道德的含义。会计职业道德来自职业习惯和约定俗成，会计职业活动的不断丰富和发展，使会计职业关系呈现出一种具体性、多样性和复杂性的趋势，使会计职业道德具有广泛的社会性。

50. √

51. √

52. √

53. √【解析】本题考核会计职业道德的特征。会计职业道德具有利益驱动性，会计职业道德允许个人和各经济主体获取合法的自身利益，但反对损害国家和社会公众利益而获取违法利益。

54. ×【解析】会计职业道德建设是会计管理工作的重要组成部分，因此，各级财政部门应负起组织和推动本地区会计职业道德建设的责任。

55. √

四、不定项选择

1. (1) ABC【解析】会计职业道德教育有利于提高会计职业道德，有利于树立会计职业道德信念，有利于培养会计从业人员奉献社会的信念，无提高会计技能。

(2) ABD【解析】本题考核会计职业道德监督要求。无 C 选项。

(3) ABCD【解析】会计职业道德教育的主要内容是道德的：观念教育、规范教育、警示教育、其他相关的教育。

(4) ABC【解析】诚实守信的基本要求，无 D 项要求。

(5) ABC【解析】本题中对于会计职业道德规范要求，没有涉及爱岗敬业的内容。

2. (1) ABC【解析】本题中对于会计职业道德规范要求，没有涉及参与管理的内容。

(2) ABCD【解析】本题中都涉及违反《中华人民共和国会计法》。

（3）D

（4）ABCD【解析】违反国家统一会计制度承担的法律责任。

（5）ABCD

3.（1）ABC【解析】本题考核会计职业道德的作用。会计职业道德的作用有：是实现会计目标的重要保证；是规范会计行为的基础；是对会计法律制度的重要补充；是会计人员提高素质的内在要求。

（2）CD【解析】本题考核会计职业道德规范的主要内容。张某没有实事求是，依法办事，违背了客观公正、坚持准则的原则。

（3）C【解析】本题考核廉洁自律。

（4）D【解析】本题考核强化服务。

（5）BC【解析】本题考核会计职业道德。诚实守信是会计职业道德的精髓，廉洁自律是会计职业道德的内在要求。

4.（1）ABC【解析】本题考核会计职业道德观念教育。

（2）D【解析】本题考核会计职业道德。

（3）AD【解析】本题考核会计职业道德规范的主要内容。会计主管李某听从公司领导的要求，制虚假财务会计报表，违反了会计职业道德规范中坚持准则和诚实守信的要求。

（4）ABC【解析】本考核诚实守信的基本要求。除了 ABC 三项的基本要求外，还包括实事求是，如实反映。

（5）ACD【解析】本题考核坚持准则。